Schwarz / Purtschert / Giroud

Das Freiburger Management-Modell
für Nonprofit-Organisationen (NPO)

320

1.4.

zum allesvreichen

NPO, Definition
Verein
Verband
Kopies. 15-20 Stiftung
48
49
86
90
65
101
104
138
139
140

D1727353

Peter Schwarz
Robert Purtschert
Charles Giroud

Das Freiburger Management-Modell
für Nonprofit-Organisationen (NPO)

2., überarbeitete Auflage

Verlag Paul Haupt Bern · Stuttgart · Wien

1. Auflage: 1995

Die Deutsche Bibliothek – CIP-Einheitsaufnahme

Schwarz, Peter :
Das Freiburger Management-Modell für Nonprofit-Organisationen (NPO) /
Peter Schwarz ; Robert Purtschert ; Charles Giroud. –
2., überarb. Aufl. –
Bern ; Stuttgart ; Wien : Haupt, 1996
ISBN 3-258-05508-4
NE: Purtschert, Robert:; Giroud, Charles:

Vorwort zur zweiten Auflage

Das Bestreben von staatlichen wie privaten Nonprofit-Organisationen, in Folge knapp werdender Ressourcen wirtschaftlicher zu arbeiten, hat zu verstärktem Interesse an Managementinstrumenten geführt. Unter dem Druck der Öffentlichkeit, der Mitglieder/Träger und der Geldgeber (Staat, Unternehmen, private Spender) sind Nonprofit-Organisationen gefordert, durch gezielten Einsatz von Management-Techniken ihre Effizienz zu verbessern. Dabei leistet das Freiburger Management-Modell für Nonprofit-Organisationen für viele von ihnen eine wertvolle Grundlage.

Nach gut einem Jahr ist die erste Auflage des Modells bereits vergriffen. Der Verkaufserfolg des Freiburger Management-Modells kann als Indiz für die Praxisrelevanz des Modellinhaltes erachtet werden. Für die zweite Auflage wurden nur wenige Details aktualisiert und einige neue wissenschaftliche Erkenntnisse eingearbeitet.

Prof. Dr.Dr.h.c. ERNST-BERND BLÜMLE

Direktor *Forschungsinstitut für Verbands- und Genossenschafts-Management* an der Universität Freiburg/Schweiz

Inhaltsverzeichnis

Abbildungsverzeichnis

Vorwort

Die **Wirtschafts- und Sozialwissenschaften** im allgemeinen und die **Betriebswirtschaftslehre** im besonderen befassen sich nicht allein mit dem wirtschaftenden und sozial aktiven Individuum als Einzelperson, sondern auch mit dem Individuum im Kollektiv, sei es als private Haushalte, Unternehmen oder Staat.

Dabei wurde und wird übersehen, dass in unserer Wirtschaft und Gesellschaft eine Fülle von Gebilden besteht, die nicht zu den erwähnten Typen zählen. Weil Markt wie Staat versagen können, weil Transaktionskosten anfallen, weil Bedürfnisse des Menschen nach sozialer Integration, nach politischer, kultureller, karitativer und ähnlichen Betätigungen bestehen, hat sich ein bislang wenig beachteter eigenständiger **Dritter Sektor** herausgebildet, der seinerseits von **Organisationen ohne Erwerbscharakter**, von **Nonprofit-Organisationen** dominiert wird.

Der **Erscheinungsvielfalt** dieser Gefüge würde eine simple Typisierung nicht gerecht, zählen doch zum Dritten Sektor Verbände wie Wirtschafts- und Arbeitnehmerorganisationen ebenso dazu wie soziale, philanthropische, kulturelle und ähnliche Organisationen. Da die **wissenschaftliche Auseinandersetzung** mit diesen Phänomenen der wirtschaftlichen und gesellschaftlichen Realität über **keine Lobby** verfügte, entstand im Vergleich mit ähnlichen Disziplinen ein grosses **Informations-** und **Wissens-Defizit**.

Seit 1976 befasst sich das *Forschungsinstitut für Verbands- und Genossenschafts-Management* (*VMI*) systematisch mit **Nonprofit-Organisationen**. Mit Ausnahme eines Projekts an der *Yale*-University in den *Vereinigten Staaten* war die Institution *VMI* einzig und einzigartig im sozialwissenschaftlichen Kontext.

Das *VMI* wählte einen **pragmatischen Ansatz**. Durch Veranstaltungen versuchten wir, erste **Kontakte** zu knüpfen und auch **Finanzquellen** zu erschliessen. Im Vordergrund standen die sogenannten **mitgliederorientierten Organisationen**, das heisst die Verbände, wie sie sich als Wirtschaftsverbände, Kammern, Gewerkschaften, Berufsverbände und Genossenschaften zeigen. Dies führte zu einer schrittweisen Entwicklung einer komplexen Nomenklatur von solchen NPO und in der Fortsetzung zum Aufbau eines Führungskonzeptes, das sich heute als **Freiburger Management-Modell**

für NPO sowohl in unserer Forschungs- und Beratungsarbeit als auch insbesondere in der Lehre bewährt und laufend weiter entwickelt wird. Neben dem bausteinartigen Ausbau des Management-Modells weiteten wir auch das Spektrum der NPO-Typen hin zu drittorientierten Organisationen aus.

Die derzeitige Wirtschaftslage und der verstärkte Wettbewerb überhaupt erhöhen den Druck auf Nonprofit-Organisationen, ihre **Effizienz** zu verbessern. Das Bestreben des *VMI* ist und bleibt es, in seinen Arbeiten dem Grundanliegen der NPO, nämlich den **Bedürfnissen der Mitglieder** und der Klienten von NPO, optimal zu genügen.

Wir freuen uns, dass das Interesse an unseren Arbeiten zunimmt. Wir hoffen, dass wir mit dieser Publikation einen weiteren Beitrag zum besseren Verständnis und damit auch zum besseren Funktionieren des grossen Unbekannten, des Dritten Sektors, leisten können.

Prof. Dr.Dr.h.c. ERNST-BERND BLÜMLE

Direktor *Forschungsinstitut für Verbands- und Genossenschafts-Management* an der Universität *Freiburg/Schweiz*

I.

Grundlagen des Freiburger Management-Modells für NPO

1. Abgrenzung und Charakteristika der privaten NPO

Als Nonprofit-Organisationen (NPO) bezeichnen wir all jene "zwischen" dem Staat und den privaten Unternehmungen (erwerbswirtschaftlichen Organisationen) angesiedelten Gebilde, welche:

a) grundsätzlich **von Privaten** (Personen, Betrieben, anderen NPO) **getragen** werden, die in der juristischen Form des **Vereins oder der Stiftung** (seltener der Genossenschaft) konstituiert sind oder durch Gesetz als **Selbstverwaltungskörperschaften** (meist mit Pflichtmitgliedschaft) geschaffen werden;

b) als Gebilde/Systeme selber keine erwerbswirtschaftlichen Zwecke verfolgen, sondern **als Auftrag ("Mission") die Erbringung spezifischer Leistungen zur Deckung eines bestimmten Bedarfes** abgrenzbarer Leistungsempfänger haben und deshalb als Bedarfswirtschaften bezeichnet werden. Dieser Auftrag ist von der NPO selbstbestimmt oder wird ihr – mindestens teilweise – vom Staat übertragen bzw. überlassen;

c) entweder **mitgliedschaftlich strukturiert** sind und zum Zweck die "Bearbeitung" der Interessen und Bedürfnisse der Mitglieder haben (Selbsthilfe-Organisationen);

d) oder **Leistungen an Dritte abgeben im Sinne von Hilfe**, Unterstützung, Förderung aufgrund eines ethisch begründeten Auftrages (z.B. Wohlfahrts-/Karitativ-Organisationen). Auch hier ist eine mitgliedschaftliche Trägerschaft möglich, wobei aber die Mitglieder die Organisation nicht für sich nutzen, sondern altruistische Ziele damit verfolgen;

e) die Interessen ihrer Mitglieder oder Klienten gegenüber dem Staat und anderen Organisationen vertreten (**Interessenvertretung, Lobbying**);

f) alle durch **ehrenamtliche Mitarbeit** von Mitgliedern oder engagierten Personen in den obersten Organen (z.B. Vorstände, Stiftungsräte) gekennzeichnet sind. Diese ehrenamtliche Tätigkeit von Mitgliedern oder Dritten ist eines der Hauptmerkmale von NPO. Der Begriff "Ehrenamt" ist in Deutschland gebräuchlich. In Österreich wird dafür der Begriff der Funktionäre verwendet, mit welchem aber wiederum in Deutschland und in der Schweiz "die anderen", die angestellten Mitarbeiter der NPO, bezeichnet werden. Um dieser Verwirrung auszuweichen, wählen wir den

17

Milizbegriff, der in der Schweiz verbreitet ist (Milizparlament, Milizarmee), und verwenden ihn hauptsächlich in den folgenden Ausführungen.

Zu den NPO zählen wir insbesondere Vereine, Verbände, Kammern, Karitativorganisationen, Wohlfahrtsinstitutionen (im Gesundheits- und Sozialbereich), Kirchen, Parteien und Clubs. Unter Einbezug der staatlichen NPO (die aber im folgenden nicht mehr Gegenstand der Ausführungen sind) gelangen wir zu einer Aufzählung und Gliederung der NPO gemäss *Abbildung 1*.

Der an sich negative Begriff der Nonprofit-Organisationen wurde von der Betriebswirtschaftslehre (Führungs- oder Managementlehre) geprägt. Diese Lehre befasst sich traditionellerweise mit den erwerbswirtschaftlichen Unternehmungen oder Profit-Organisationen. Als sich die Betriebswirtschaftslehre ebenfalls mit den nicht-erwerbswirtschaftlichen Gebilden zu befassen begann, musste sie diesen ihren "neuen" Objektbereich gegenüber dem "traditionellen" abgrenzen. Da kein positiver Oberbegriff für diese anderen Organisationen verfügbar war und um die Abgrenzung deutlich zu machen, wurde der Begriff "Nonprofit" gewählt. Er wird heute in Wissenschaft und Praxis zunehmend verwendet und verdrängt andere (z.B. Not-for-profit-Organisationen, nicht-erwerbswirtschaftliche Organisationen).

Immerhin ist darauf hinzuweisen, dass insbesondere die Volkswirtschaftslehre die Abgrenzung der hier zur Diskussion stehenden Gebilde als "Dritten Bereich" ("third sector") nicht gegenüber der Unternehmung, sondern gegenüber dem Staat vorgenommen hat. Daraus ergab sich der Begriff der **Non-Government-Organisation NGO**, im deutschsprachigen Raum auch als Nicht-Regierungs-Organisationen NRO bezeichnet. Vor allem im Bereich der Entwicklungspolitik (Entwicklungsländer) wird häufiger von NGO/NRO gesprochen, weil es dort um die Auslagerung primär vom Staat beanspruchter Hoheit an private Trägerschaften (häufig Genossenschaften) geht.

Dass diese Abgrenzung zur Profit-Organisation nicht nur einen terminologischen, sondern auch einen real-materiellen Hintergrund hat, zeigt die *Abbildung 2*. Sie vergleicht Profit- und Nonprofit-Organisationen anhand eini-

18

⌐N?O's ⌐   ⅃

Abbildung 1:   Vielfalt der Organisationen

Trägerschaft		Zweck, Aufgabe	Arten, Typen
Staatliche NPO	Gemeinwirt- schaftliche NPO	Erfüllung demokratisch festge- legter *öffentlicher Aufgaben* (auf Bundes-,Kantons-, Gemeindeebene), Erbringen konkreter Leistungen für die Bürger	. Öffentliche Verwaltungen . Öffentliche Betriebe: - Verkehr, PTT, Energie - Spital, Heim, Anstalt - Schule, Universität - Museum, Theater, Bibliothek
Halbstaatliche NPO	Öffentlich- rechtliche Selbstver- waltungs- körperschaften	Erfüllung übertragener Auf- gaben auf gesetzlicher Grund- lage, mit Pflichtmitgliedschaft. Teils freiwillige Aufgaben	. Kammern in D, A - Wirtschaftsbetriebe - Selbständigerwerbende - Angestellte . Sozialversicherungen in A
Private NPO	Wirtschaft- liche NPO	Förderung und Vertretung der *wirtschaftlichen* Interessen der Mitglieder	. Wirtschaftsverbände . Arbeitnehmerorganisationen . Berufsverbände . Konsumentenorganisationen
			. Genossenschaften (Mitgliedschaftliche "Unternehmungen")
	Soziokultu- relle NPO	Gemeinsame Aktivitäten im Rahmen *kultureller, gesell- schaftlicher Interessen, Bedürfnisse* der Mitglieder	. Sportvereine . Freizeitvereine . Kirchen, Sekten . Privatclubs . Spiritistische Zirkel
	Politische NPO	Gemeinsame Aktivitäten zur Bearbeitung und Durchsetzung *politischer (ideeller) Interessen* und Wertvorstellungen	. Politische Parteien . Natur-, Heimat-, Umwelt- schutzorganisationen . Politisch orientierte Vereine . Organisierte Bürgerinitiativen
	Soziale NPO	Erbringen *karitativer oder entgeltlicher Unter- stützungsleistungen* an bedürftige Bevölkerungs- kreise (Wohltätigkeit, Ge- meinnützigkeit, Wohlfahrt) im Sozial- und Gesundheits- bereich	. Hilfsorganisationen und Dienstleistungsbetriebe für Kranke, Betagte, Behinderte, Geschädigte, Süchtige, Arme, Benachteiligte . Wohlfahrtsinstitutionen . Entwicklungshilfe-Organisa- tionen . Selbsthilfegruppen mit sozialen Zwecken
Private PO	Erwerbs- wirtschaft- liche PO	Verkauf von Gütern und Dienstleistungen auf Märkten zwecks Ertrag auf Kapital (Gewinn, Rendite)	. Industrie . Gewerbe . Handel . Dienstleistungen
			. Landwirtschaft

19

Abbildung 2: Unterschiede in wichtigen Strukturmerkmalen von Unternehmung und NPO

Struktur-merkmale	Ausprägung bei		
	Unternehmung	Nonprofit-Organisationen	
		Selbsthilfe-NPO	Fremdleistungs-NPO
1. Hauptzweck	Als Erwerbswirtschaft anstreben eine Ertragen auf investiertem Kapital, also Gewinn und Rentabilität (Formziel-Dominanz)	Erbringen spezifischer Leistungen (Sachziel-Dominanz) für die Mitglieder, NPO als Gruppen-Bedarfswirtschaft oder Kollektivwirtschaft bezeichnet.	Erbringen spezifischer Leistungen (Sachziel-Dominanz) für/an Dritte (Hilfe, Beeinflussung, Förderung
2. Bedarfsdeckung Kunden	Deckt den Fremdbedarf von Nachfragern auf Märkten.	Deckt Eigenbedarf der Mitglieder. Man spricht vom Indentitätsprinzip (Mitglieder=Kunden) oder von kollektiver Eigenbedarfsdeckung.	Deck Fremdbedarf von Klienten bzw. wirkt auf Dritte. Oft Monopole, Abhängigkeit, Benutzungszwang.
3. Steuerung der Organisationsentscheide	Orientiert sich am Markt, am Kunden- und Konkurrenzverhalten.	Mitglieder bestimmen demokratisch (direkt) über die Leistungen oder erzwingen durch indirektes Verhalten (Wahl von Organen, Bereitstellung von Finanzmitteln, Eintritt/Austritt, Apathie) mitgliedergerechte Entscheide der Leitungsorgane; Marktsteuerung ist teils nicht existent, teils sekundär.	1. Wenn Verein: (mitgliedschaftlich strukturiert): Analog Selbsthilfe-NPO, plus 2. 2. Wenn Stiftung: Zuteilung von Leistungen im Rahmen vorhandener Mittel. Marktsteuerung ist teils nicht existent, teils sekundär.
4. Produzierte Güter	Nur private, marktfähige Individualgüter, die ausschliesslich vom einzelnen Käufer genutzt werden können.	Sehr viele Kollektivgüter, die einer ganzen Gruppe (z.B. allen Personen einer Berufsgruppe) zugute kommen, auch jenen, die nichts dafür bezahlen (Problem der Trittbrettfahrer = nichtzahlende Nutzniesser); private Güter nur im Bereich der Dienstleistungsfunktion.	Kollektivgüter bei Förderung, Interessenvertretung ganzer Klientengruppen. Private (Individual-) Güter bei Leistungen (oft/meist unentgeltlich) an Klienten, Dritte.
5. Finanzmittel	Kapitaleinlagen und direkte individuelle Leistungsentgelte (Preise) aus Güterverkauf.	Mitgliederbeiträge, Umlagen als Pauschalentgelte (für die Kollektivgüterproduktion); Preise und Gebühren (=intern subventionierte Entgelte) bei Dienstleistungsverkauf.	Spenden, Subventionen, Legate, Vermögenserträge. Beschaffung durch Fundraising. Teils Gebühren bei Dienstleistungen.
6. Faktor Arbeit	Vorwiegend hauptamtlich angestellte Mitarbeiter.	In wesentlichem Masse ehrenamtliche Partizipation der Mitglieder in Leitungsorganen, Ausschüssen und Mitglieder-Basisgruppen, Parteien, Landes-/Bezirksgruppen, Sektionen).	1. Wenn Verein: Analog Selbsthilfe-NPO. 2. Wenn Stiftung: Oberleitung durch Ehrenamtsorgane, oft ehrenamtliche Helfer/Innen im Arbeitsvollzug.
7. Erfolgskontrolle (Effizienz)	Primär über marktbestimmte Grössen (Gewinn, ROI, Umsatz, Marktanteil), welche die Gesamteffizienz messen.	Kein Indikator für die Gesamteffizienz; schwierige Zieloperationalisierung und Nutzenmessung (kaum quantifizierbar) bei Einzelaktionen.	Analog Selbsthilfe-NPO.

ger Wesensmerkmale und macht die beträchtlichen "strukturellen" Unterschiede zwischen den beiden Organisationstypen deutlich. Sie verweist gleichzeitig auf die Tatsache hin, dass es für die besonderen Probleme/Eigenschaften der Nonprofits auch besonderer Lehr-Inhalte bedarf, um dem Praktiker die angepassten Problemlösungshilfen an die Hand zu geben.

Haben wir in *Abbildung 1* die NPO nach ihrem Zweck untergliedert, so lassen sich NPO-Typen auch nach der Art ihrer Struktur bilden. *Abbildung 2* zeigt eine Aufteilung nach den Haupt-Leistungsempfängern und erwähnt Unterschiede je nach der Struktur-/Rechtsform (Verein oder Stiftung). Diese Ansätze sind in *Abbildung 3* "Strukturtypen privater NPO" noch weiter aufgefächert beziehungsweise präzisiert. Wichtig sind dabei die Unterschiede zwischen

a) mitgliedschaftlicher und nicht-mitgliedschaftlicher Struktur;

b) Selbsthilfe-NPO und Fremdleistungs-NPO, wobei besonders auf die "karitativen", mitgliedschaftlich strukturierten Fremdleistungs-NPO (z.B. Rotes Kreuz) hinzuweisen ist. Diese Trägervereine rekrutieren meist viele Ehrenamtliche zum Einsatz in Gesundheits- und Sozialaufgaben.

Eine weitere Präzisierung hat bei der obgenannten Gliederung von Staat, Wirtschaft und Drittem Sektor (private NPO) anzusetzen. Die Zuordnung der einzelnen Organisationen zu einem dieser drei Teil-Systeme einer Gesellschaft erfolgt aufgrund ihres Hauptzweckes und wesentlicher Strukturmerkmale:

a) Staatswirtschaftliche Organisationen (Verwaltungen) erfüllen öffentliche Aufgaben im Rahmen politischer Entscheide der Staatsorgane (= **politische Steuerung**).

b) Die Wirtschaftsunternehmungen unterliegen der Steuerung durch den **Markt**, unter dessen Bedingungen sie Gewinne erzielen beziehungsweise Kapital rentabilisieren.

c) Die privaten NPO bezwecken eine Bedarfsdeckung bei Mitgliedern oder Dritten sowie die Beeinflussung Dritter, dies meist unter **Konstellationen des Nicht-Marktes**. Dieser ist gekennzeichnet durch

- Nicht-Identität zwischen Leistungsabnehmer und Zahler (typisch etwa im Gesundheitswesen das Verhältnis zwischen Patient (Beitragszahler an Krankenkassen), Arzt und Krankenkasse, teils mit Subventionen des Staates)
- gratis oder gegen nicht-kostendeckende Gebühren abgegebene Leistungen (z.B. karitative Unterstützung)
- Produktion von Kollektivgütern, die einer ganzen Gruppe (z.B. einer Branche) zugute kommen, auch den sogenannten Trittbrettfahrern, die sich an den Kosten der Güterproduktion nicht beteiligen (z.B. Nichtmitglieder einer Berufs-/Arbeitnehmergruppe).

Die Steuerung der Produktionsentscheide erfolgt durch die Entscheide der Trägerschaft der NPO und der von ihr gewählten und mit Entscheidungs-Kompetenzen ausgestatteten Organe und Stellen.

Abbildung 4 zeigt erneut eine Organisations-Typologie unter Verwendung des Hauptmerkmals "Steuerungsmechanismus".

Von wesentlicher Bedeutung ist nun das Phänomen der **System-Konvergenz oder Typen-Transformation** (*Abbildung 5*). Wiederum ausgehend von den drei Grundsystemen Staat, Wirtschaft/Markt und Dritter Sektor zeigt die Vielfalt der real existierenden Organisationen zahlreiche Übergänge von einem "Typenbild" zum andern. Viele private NPO

a) erbringen Dienstleistungen, die sie am Markt unter Konkurrenz und gegen mindestens kostendeckende Preise verkaufen;
b) erfüllen vom Staat übertragene oder überlassene Aufgaben, oft unter der übergeordneten Kontrolle des Staates. Dies betrifft insbesondere auch die durch Gesetz geschaffenen Selbstverwaltungs-Körperschaften mit Pflichtmitgliedschaft (Kammern in Österreich und Deutschland).

Schliesslich sind die NPO auch grundsätzlich durch ihre **Rechtsform** geprägt, welche sich in unterschiedlichen Grundstrukturen (Aufbauorganisation) niederschlägt. *Abbildung 6* zeigt die Strukturen von Verein/Verband und Stiftung auf, die am häufigsten vorkommenden Formen. Wir gehen dabei von **mehrstufigen Systemen** aus, also von Gebilden, die insbesondere nach regionalen Kriterien untergliedert sind: Es bestehen dezentrale, basisnahe Einheiten (z.b. örtlich, auf Bezirks-/Kreisebene), welche ihre Mitglieder oder Klienten "betreuen". Diese Basisgruppen sind dann auf Landes-/Kantonsebene zusammengeschlossen, wobei diese Vereine ihrerseits ein "Dach" auf Bundesebene einrichten. Auf diese Weise sind zahllose Verbände in Wirtschaft (z.b. Gewerkschaft) und Gesellschaft (z.b. Sportverein), aber auch Wohlfahrtsorganisationen (z.b. Caritas) strukturiert. Aber auch grössere Stiftungen des Gesundheits- und Sozialbereiches kommen oft nicht darum herum, sich in dezentrale Einheiten aufzugliedern, um möglichst klientennah – aber flächendeckend über ein Land – ihre Leistungen erbringen zu können. Sowohl Verbände wie Stiftungen werden dadurch zu **föderalistischen Systemen**, mit all den Problemen einer zweckmässigen Aufgaben- und Kompetenzgliederung zwischen den Stufen sowie der Gewährleistung einer übergeordneten Gesamtkoordination und -steuerung und damit einer Corporate Identity (CI).

Abbildung 3: Strukturtypen privater NPO

Mitgliedschaftlich			Nicht-mitgliedschaftlich		
Selbsthilfe-NPO			Fremdleistungs-NPO		
Kammer	Verein	"Karitativer" Verein	Stiftung		Gemeinnützige GmbH
Pflicht Wahl	Beitritt, Wahl		Berufung/ Kooptation		Beteiligung (Kapital-)
Träger ist Kunde	Träger nicht gleich Kunde				
Dienstleistungen an und für Miglieder	Leistungen an und für Dritte				
Interessenvertretung nach aussen					

Abbildung 4: Steuerungsmechanismen

Markt	Nicht-Markt	"Politik"
Individualgüter		Kollektivgüter
Tausch Gut gegen Geld	Kunde nicht gleich Zahler	
	Dritter als Zahler	Mögliche "Trittbrettfahrer"
Preis- finanzierung	Beitrags- Spenden- Subventions- Gebühren-	} Finanzierung
Konkurrenz: Qualität und Preis	oft: - Monopole - Benutzerzwang teils: Qualitäts-Konkurrenz	
Gewinn	Hilfe, "Förderung"	Beeinflussung

Zusammenfassend halten wir fest, dass der Dritte Sektor der privaten NPO durch eine Vielfalt von Merkmalen gekennzeichnet ist, "reine" NPO-Typen zwar vorkommen, aber häufig Überlappungen mit Markt- und Staats-Elementen feststellbar sind. Die daraus entstehende Komplexität der Gebilde und des Sektors insgesamt konstituiert schwierige Situationen des NPO-Managements. Sie müssen uns stets bewusst sein und zwingen uns zu differenzierten Betrachtungen und Aussagen, je nach "Charakter" und Kombination von Merkmalen der einzelnen NPO-Typen.

Abbildung 5: System-Konvergenz und Typen-Transformation

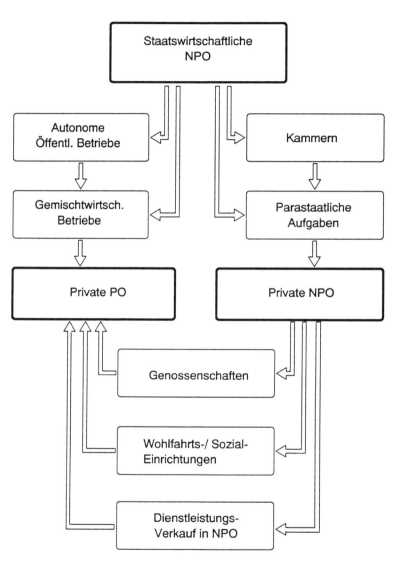

Typen-Transformation =
"Übernahme" von Elementen
anderer Systeme

Abbildung 6: Grundstrukturen Verein/Verband und Stiftung mit mehrstufigem Aufbau

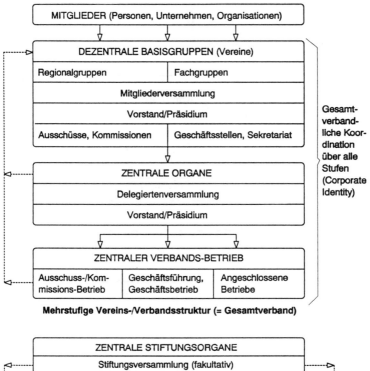

Mehrstufige Vereins-/Verbandsstruktur (= Gesamtverband)

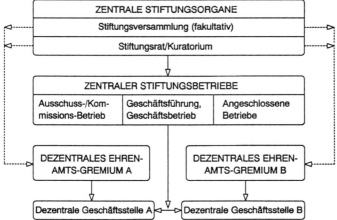

Zentrale Stiftung mit dezentralen Einheiten

2. Zur Betriebswirtschaftslehre (Führungs-/Managementlehre) von NPO

Sowohl erwerbswirtschaftliche wie nicht-erwerbswirtschaftliche Gebilde werden als **Organisationen** bezeichnet beziehungsweise aufgefasst. Dieser Begriff wird durch folgende Merkmale charakterisiert (*Abbildung 7*):

a) Organisationen sind **zweck- und zielgerichtet.** Sie verfolgen einen bestimmten Auftrag, den sie durch Erbringen spezifischer Leistungen zu erfüllen suchen. In diesem Sinne sind

b) diese Organisationen **offene, umweltabhängige Systeme** (Umwelt als systemtechnischer und nicht ökologischer Begriff). Sie "leben" von ihren Aussenbeziehungen, beschaffen ihre Mittel auf Märkten, geben ihre Leistungen nach aussen ab, orientieren sich an den Gegebenheiten und Entwicklungen der für sie relevanten Umfelder;

c) Organisationen sind **produktive Systeme.** Sie müssen sich Produktionsmittel wie Geld und Arbeit beschaffen, diese Mittel planmässig und organisiert in arbeitsteiligen Prozessen zu Leistungen "kombinieren" und die Leistungen an ihre Zielpublika (Leistungsadressaten, Klienten, Kunden) abgeben.

d) Alle als "Organisationen" bezeichneten Gebilde sind **soziale Systeme.** Sie werden von Menschen getragen, die menschliche Arbeit ist der zentrale Produktionsfaktor, der aber nicht rein rational beschafft und eingesetzt werden kann wie etwa Maschinen und Finanzmittel. Menschen müssen geführt, motiviert, zur Zielübernahme und Arbeitsleistung "bewegt" werden. Dazu sind sie aber nur dann bereit, wenn die Organisation ihnen eine Befriedigung ihrer je individuellen Bedürfnisse (etwa nach Ansehen, Kollegialität, Karriere) bietet.

e) Organisationen haben schliesslich eine **Verfassung** im Sinne eines Normenwerkes, welches Strukturen, Rechte und Pflichten der Mitwirkenden, Zwecksetzung und Grundsätze von Beschaffung, Produktion und Marketing festlegt.

Diese Eigenschaften betonen die grundsätzliche **Gleichheit** von Profit- und Nonprofit-Organisationen. Wir gehen also zunächst von einem gemeinsamen

Abbildung 7: Gemeinsame Eigenschaften und Probleme von Unternehmung und NPO

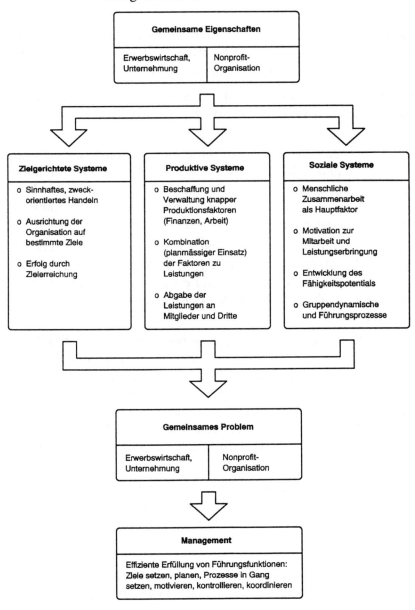

Bild für beide Organisationstypen aus. Dies erlaubt uns folgende Grundsatzfrage: Wenn Nonprofits als zielgerichtete, produktive, soziale Systeme aufgefasst werden können, lassen sich dann nicht auch alle, viele oder mehrere Erkenntnisse aus der Betriebswirtschaftslehre von Profit-Unternehmungen auf die Nonprofit-Organisationen übertragen? Diese Frage ist eindeutig zu bejahen. Da jedoch Profit- und Nonprofit-Organisationen nur in grundsätzlichen Eigenschaften gleich, in anderen (gemäss *Abbildung 2*) aber ungleich sind, so sind der Übertragbarkeit von Erkenntnissen der (Profit-)Managementlehre auf Nonprofits offenbar Grenzen gesetzt. Deshalb ist die Managementlehre von Nonprofit-Organisationen als **Besondere Betriebswirtschaftslehre** zu konzipieren, welche übernimmt, was auf die Nonprofits "passt" und in all jenen Problembereichen zusätzliche Erkenntnisse und Handlungsanweisungen erarbeitet, in denen die unternehmungsbestimmte Lehre keine zutreffenden Aussagen macht beziehungsweise machen kann. Zu diesen besonderen Problemen gehören etwa die Mitglieder, die Ehrenamtsträger, Strukturen und Willensbildungsprozesse, spezifische Leistungen im Marketingbereich und dergleichen mehr.

Bevor aber die Managementlehre von NPO an die Erarbeitung eigenständiger Erkenntnisse geht, hat sie sich in anderen wissenschaftlichen Disziplinen nach Brauchbarem umzuschauen. Fündig wird sie dabei vor allem in der Staatswirtschaftslehre, in Politologie, Soziologie und in der Kommunikationswissenschaft. Auch hier übernimmt sie, was auf die NPO "passt", sei es direkt und unmittelbar, sei es mit Abwandlungen und Anpassungen. Erst in letzter Linie schafft sie sich zusätzliche Erkenntnisse zum Füllen der noch verbleibenden Lücken. *Abbildung 8* zeigt illustrativ auf, welche Disziplinen an der Verbandswissenschaft beteiligt sind. Aus diesen Quellen hat die Managementlehre von NPO zu schöpfen und Erkenntnisse NPO-spezifisch aufzuarbeiten beziehungsweise zu modifizieren.

Die noch relativ junge Managementlehre von NPO verfügt jedoch zur Zeit noch über kein lückenloses, ausgereiftes Theoriegebäude. Nach wie vor kümmert sich ein Grossteil der Betriebswirtschafter um die Unternehmung. Nonprofit-Publikationen gibt es vergleichsweise wenige, wenn auch mit zunehmender Tendenz. Das hier vorgestellte Freiburger Management-Modell für NPO stellt den Versuch einer Systematisierung des Vorhandenen dar und zeigt Möglichkeiten und Stossrichtungen der Weiterentwicklung auf.

Abbildung 8: Themenbereiche der Verbandswissenschaft

DISZIPLIN	THEMENBEREICHE(schwerpunktmässig)
Politikwissenschaft	- Verband als "pressure group" im politischen System: Faktoren, Adressaten, Methoden, Auswirkungen
Staats- und Verwaltungsrecht Privatrecht	- Demokratie in Verbänden, Verbandszugang, Verbandsgerichtsbarkeit (Verbandsgesetz) - öffentliche Aufgaben und Funktionen der Verbände - Fragen der Rechtsform, Besteuerung, Zweckbindung
Volkswirtschaftslehre Theorie und Politik	- Materielle (inhaltliche) Veränderungen und Entwicklungen der Wirtschaftspolitik aufgrund des Verbandseinflusses (konkrete Leistungen, Transferzahlungen, Gesetze) - Wirkungen der Verbände auf die Wirtschaftsordnung (Marktstruktur, Wettbewerbsverhältnisse) - Wirkungen der Verbände auf Marktprozesse (kollektive Verhandlungen, Absprachen, Ordnungsleistungen)
Finanzwissenschaft	- Öffentliche Einnahmen und Ausgaben unter Verbandseinfluss - Verbände als Parafisci
Ökonomische Theorie der Politik	- Verhalten von und in Kollektiven: Verhandlung, Wahl, Spieltheorie, Eintritt/Austritt, selektive Anreize, Verfassungstheorie
Verbandsbetriebslehre (Betriebswirtschaftslehre)	- Verbandspolitik: Kollektive Entscheidungsprozesse - Zielbildung, Planung und Kontrolle, Effizienzmessung - Organisation: Struktur, Abläufe, Reorganisation - Finanzierung, Beitragssysteme, Rechnungswesen - Produktion von Dienstleistungen, Marketing - Verbandsverwaltung (EDV, Textverarbeitung, Ablage) - Mitarbeiterführung, Personalfragen
Soziologie und Psychologie	- Verhalten der Verbandsmitglieder und -mitarbeiter: Rollen, Konflikte, Motivation, Führung - Strukturen und Prozesse von Gruppen, Organisationen

3. Entwicklungslinien des NPO-Managements

Nicht nur die Managementlehre von NPO hat eine geringe Tradition, sondern auch die Anwendung von Management-Know-how in diesen Organisationen. Galten lange ein profunder Sachverstand und ein hohes Engagement der Mitwirkenden/Mitarbeitenden als hinreichende Voraussetzungen für die Führung der NPO, so setzt sich heute immer mehr die Erkenntnis durch, dass diese Organisationen genau gleich wie Unternehmungen über solide Kenntnisse und Erfahrungen in der Anwendung von Management-Methoden und -Instrumenten verfügen müssen, wenn sie längerfristig Erfolg haben wollen. Gefragt ist in der Praxis eine vermehrte **Management-Orientierung aller Führungsverantwortlichen sowohl auf Ehrenamtsseite wie im Bereich des Hauptamtes** (angestellte Führungskräfte). Diese Orientierung konkretisiert sich in drei notwendigen Entwicklungsrichtungen (*Abbildung 9*):

a) Marketing-Orientierung

NPO zeichneten sich lange Zeit und zeichnen sich teils auch heute noch durch eine stark innenzentrierte Aufgabenerfüllung aus. Gefragt ist aber mehr und mehr eine aussenorientierte Dienstleistungs-Haltung: Managementprozesse sollen ihren "Ausgangspunkt" bei den Bedürfnissen, Erwartungen ihrer Leistungsadressaten nehmen, NPO ihre Aktivitäten konsequent an diesen "Märkten" ausrichten und der Kommunikation mit den Umfeldern sowohl auf Beschaffungsseite (z.B. Fundraising/Finanzmittelbeschaffung) wie auf der Abgabeseite erhöhte Aufmerksamkeit und professionelle Kapazitäten widmen. Nur durch ein wirkungsvolles Management dieser Austauschbeziehungen, durch eine klare Positionierung der NPO und ihrer Leistungen in ihrem Umfeld kann eine optimale Zweckerfüllung sichergestellt werden.

b) Zukunfts- und Ziel-Orientierung

Den für die Führung der NPO verantwortlichen Organen (Ehrenamt, Milizern) und den vollamtlichen Geschäftsführern schreiben wir eine umfassende **Problemlösungsverantwortung** zu. Diese beinhaltet ein möglichst frühzeitiges Erkennen "auftauchender" Probleme, die effiziente Einleitung und Gestaltung der Problemlösungs-Prozesse und eine wirkungsvolle Realisierung der getroffenen Entscheide, verbunden mit der Kontrolle/Evaluation der erzielten Ergebnisse.

Abbildung 9: Elemente vermehrter Management-Orientierung in NPO

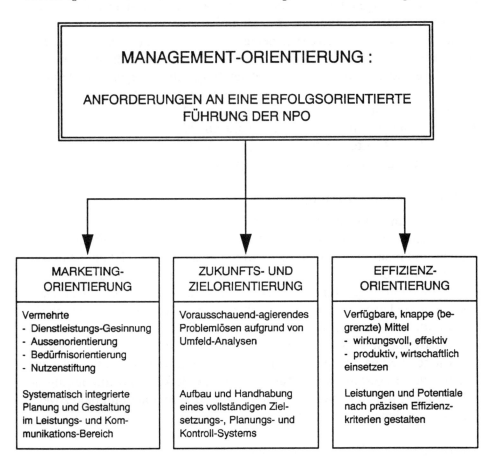

MANAGEMENT-ORIENTIERUNG :

ANFORDERUNGEN AN EINE ERFOLGSORIENTIERTE
FÜHRUNG DER NPO

MARKETING-ORIENTIERUNG	ZUKUNFTS- UND ZIELORIENTIERUNG	EFFIZIENZ-ORIENTIERUNG
Vermehrte - Dienstleistungs-Gesinnung - Aussenorientierung - Bedürfnisorientierung - Nutzenstiftung Systematisch integrierte Planung und Gestaltung im Leistungs- und Kommunikations-Bereich	Vorausschauend-agierendes Problemlösen aufgrund von Umfeld-Analysen Aufbau und Handhabung eines vollständigen Zielsetzungs-, Planungs- und Kontroll-Systems	Verfügbare, knappe (begrenzte) Mittel - wirkungsvoll, effektiv - produktiv, wirtschaftlich einsetzen Leistungen und Potentiale nach präzisen Effizienzkriterien gestalten

Wollen die Führungskräfte diese Verantwortung wahrnehmen, so sind drei unerlässliche Voraussetzungen zu schaffen:

1) Sie haben **sich systematisch und methodisch mit der Zukunft**, mit den Entwicklungen ihrer Umfelder und der eigenen NPO **auseinanderzusetzen** und haben dazu die erforderlichen Analyseinstrumente bereitzustellen.

2) Sie haben ein kohärentes, möglichst vollständiges **Zielsetzungs-, Planungs- und Controlling-System** aufzubauen und zu handhaben. Dazu gehören Instrumente wie Leitbilder, strategische Schwerpunktplanungen, Jahresziele und Kontrollinstrumente wie etwa das Rechnungswesen.

3) Sie müssen sich durch geeignete Massnahmen **für diese zukunftsorientiert-planerischen Aufgaben freispielen** und ihre Zeit für das Wesentliche einsetzen. Dazu eignet sich beispielsweise die umfassende Management-Methode der "Führung durch Zielsetzung und nach dem Ausnahmeprinzip", welche von den Führungskräften eine weitgehende Delegation von Aufgaben und Kompetenzen an die nachgeordneten Instanzen verlangt, mit einer Beschränkung auf Fortschritts- und Ergebniskontrolle.

c) Effizienz-Orientierung

Wie Unternehmungen verfügen auch NPO immer nur über ein begrenztes Potential an (knappen) Produktionsfaktoren. Auch sie sind deshalb dem generellen Gebot einer permanenten und konsequenten Effizienz-Orientierung unterworfen, haben also mit den verfügbaren Mitteln eine möglichst grosse Wirkung zu erzielen beziehungsweise ein gewolltes Ergebnis mit den geringstmöglichen Mitteln zu realisieren. Dieses Wirtschaftlichkeitsprinzip ist demnach in zwei Richtungen anzuwenden:

1) im Sinne der **Effektivität** als wirkungsvoller, nutzenstiftender und zieladäquater Einsatz von Massnahmen und Mitteln;

2) im Sinne der **Produktivität** als sparsamer Umgang mit den Mitteln beziehungsweise als Realisierung eines bestmöglichen Kosten-Nutzen-Verhältnisses (wird auch als Effizienz im engeren Sinne bezeichnet).

Auch wenn dieses Effizienzgebot als selbstverständlich erscheint, so ist dennoch nicht zu verkennen, dass ihm in der NPO-Praxis nicht immer gebührend nachgelebt wird. Insbesondere NPO, welche die Tendenz haben, sich überwiegend mit sich selbst zu beschäftigen, verletzen dieses Gebot weitgehend und leisten nicht das, was ihnen ihre Potentiale eigentlich ermöglichen müssten.

Den drei genannten Entwicklungslinien ist auch das nun vorzustellende Management-Modell verpflichtet. Marketing-, Zukunfts- und Effizienzorientierung sind die Kriterien, welche den Überlegungen und Modellbeschreibungen dominant zugrunde liegen.

II.

Überblick über das Gesamt-Modell

1. Zweck des Modells

Das Problemfeld "**Management in NPO**" ist äusserst vielschichtig und komplex. Um diesen Objektbereich zugänglich, transparent, verständlich und damit lehrbar und lernbar zu machen, ist es erforderlich, eine **systematische Ordnung** zu schaffen. Dazu dient das hier vorgestellte Modell. Es will ein auf das Wesentliche reduziertes "Abbild" des Problemfeldes "NPO-Management" geben, mit einer möglichst umfassenden Abdeckung aller (wesentlichen) Problembereiche. Gleichzeitig bietet es – für Lehrende und Lernende – ein Gerüst (Raster) zur Darstellung, Systematisierung und Einordnung der Begriffe, Konzepte und Lehrinhalte. Es soll gleichzeitig die Zuordnung neuer wissenschaftlicher Erkenntnisse ermöglichen und – im besten Falle – als Begriffs- und Konzept-Baustein Eingang in die weitere Verbands- und NPO-Forschung finden.

Das Modell wurde 1986/87 als Grundlage für den vierwöchigen **Postgraduate Lehrgang für Verbands- und Nonprofit-Management** (PGL) an der **Universität Freiburg/Schweiz** entwickelt und seither laufend ausgebaut. Zu Beginn dieses Projektes konnten wir uns weder auf eigene Erfahrungen noch auf ähnliche Lehrgänge an anderen Universitäten stützen, da NPO-Management bisher im deutschsprachigen Raum keinen Eingang in die Lehrpläne gefunden hatte. Zudem war (und ist auch heute noch) der Bestand an Publikationen gering und unstrukturiert, weil eben bisher ein Lehrgebäude gefehlt hat. Das hier vorgestellte Modell hat sich im PGL grundsätzlich als tauglich und für die Praxis als brauchbar erwiesen.

Das Management-Modell ist **keine** Managementlehre im umfassenden Sinne. Das Modellhafte besteht in einer **analytisch-beschreibenden Darstellung** der wesentlichen Elemente und Komponenten einer NPO-Managementlehre. Es gibt also primär Auskunft über die Frage "Was ist Gegenstand, Inhalt dieser Lehre?" und zeigt somit jene Problembereiche auf, welche die Managementlehre anschliessend intensiv und bis in die Einzelheiten vordringend zu thematisieren hat. Demnach sind in diesem Modell nur beschränkt sogenannte Gestaltungsempfehlungen enthalten. Dem Leser wird nur zum Teil dargelegt, **wie** effizientes NPO-Management zu bewerkstelligen ist. Er wird somit aus der Lektüre ein Grundverständnis über das

NPO-Management gewinnen und sich Konzepte und Begriffe aneignen, welche ihm für das Verstehen konkreter Lehrinhalte förderlich sein werden.

Das Gesamt-Modell besteht aus:

a) dem **Ordnungs-Objekt-Modell** als dem wesentlichen Teil. Es bietet das obgenannte Grundgerüst der NPO-Managementlehre;

b) dem **Lehrgang-Modell**, welches das Konzept und die Zielsetzung des erwähnten Postgraduate Lehrganges verdeutlicht.

Diese beiden Teil-Modelle sind im folgenden im Überblick darzustellen, jedoch ist zunächst auf einige Grundlagen der Modellbildung einzugehen.

2. Die "Sichtweisen" der NPO als Ausgangspunkt der Modellbildung

Wir setzen bei der obgenannten Umschreibung von Organisationen an, die wir definiert haben als zweck-/zielgerichtete, offene/umweltabhängige, produktive, soziale Systeme mit einer Verfassung.

Sinn und Existenzberechtigung einer NPO liegen ausschliesslich in der Erfüllung der ihr vorgegebenen Zwecke, der ihr übertragenen "Mission". Um diesen Zweck zu erfüllen, hat die Organisation zu "produzieren", also Leistungen zu erstellen und an bestimmte Adressaten (Zielpublika) abzugeben. Zur Erbringung der Leistungen hat sie Mittel (Produktionsfaktoren, Ressourcen) zu beschaffen, einzusetzen und zu verwalten, beziehungsweise selber aufzubauen und zu gestalten.

Aus diesem 3-Schritt leiten wir nun die drei Teilsysteme unseres Management-Modelles ab, wie dies *Abbildung 10* zeigt. Diese ist wie folgt zu interpretieren:

a) Die Zweckerfüllung der NPO besteht in der "Einwirkung" auf ihre Umwelt beziehungsweise in der Stiftung von Nutzen gegenüber bestimmten Umweltsegmenten. Das **Umwelt-/Leistungsadressaten-System** steckt damit die Grenzen und Wirkungsfelder für die NPO ab.

b) Im **Marketing-/Leistungs-System** erfolgt die Gestaltung und die Abgabe der Leistungen im weitesten Sinne, wobei diese Leistungen eben konsequent auf die Bedürfnisse, Anforderungen und Erwartungen der Umweltsegmente auszurichten sind.

c) Das **Potential-System** umfasst den gesamten Bereich des Aufbaues und der Gestaltung des Leistungs-Dispositivs im Sinne der Ressourcen (Kapazitäten, Fähigkeiten, Instrumentarien), welche für die Leistungserbringung sowie die Steuerung und Lenkung der gesamten NPO-Tätigkeit erforderlich sind.

Abbildung 10 kann von oben nach unten oder umgekehrt "gelesen", interpretiert werden:

Abbildung 10: Aufbau-Logik des Freiburger Management-Modells für NPO

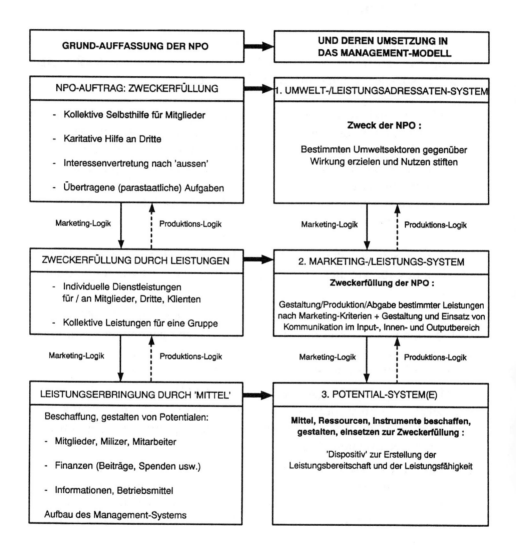

- Die **Marketing-Logik** befolgt die genannte Bedürfnis- und Umweltorientierung: Die "Befindlichkeiten" der Umweltsegmente "bestimmen" (geben Anlass und Anhaltspunkte) für die Gestaltung (qualitativ und quantitativ) der Leistungen, und aus diesen wird der Bedarf an Potentialen abgeleitet.
- Umgekehrt stützt sich die **Produktions-Logik** auf die Tatsache, dass NPO als Dienstleistungsbetriebe zunächst ihr Leistungs-Dispositiv aufbauen, ihr Potential einrichten müssen, bevor sie die Leistungen erbringen und damit ihren Zweck in den relevanten Umfeldern erfüllen können.

Dieser Grundauffassung (der drei Teilsysteme) sind nun zwei weitere Bilder hinzuzufügen. Zunächst ist dies die Betrachtung der NPO als **Input-Output-System** (*Abbildung 11*).

Abbildung 11: Input-Output-Modell der NPO

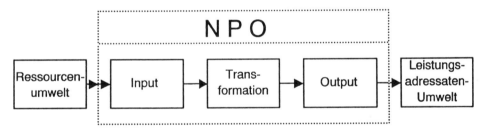

Diese Modell-Vorstellung bringt eine erste **Erweiterung der Umweltfunktionen**. Primär bestimmt die NPO in ihrer Umwelt die Leistungsadressaten, an welche sie ihre Outputs abgibt. Gleichzeitig muss sich aber die NPO ebenfalls in der Umwelt ihre Ressourcen, ihre Inputs beschaffen.

Input- und Output-Umwelt fassen wir auch unter dem Begriff der **Transaktions- oder Austausch-Umwelt** zusammen. Mit diesen Umfeldern unterhält die NPO enge Beziehungen, die wir unten als Tauschbeziehungen betrachten werden.

Wie nun *Abbildung 12* illustriert, sind für die NPO nicht nur die "Partner" der Transaktions-Umwelt relevant, denn diese ist wiederum von weiteren Umweltschichten umgeben, die wir als **Orientierungs-Umwelt** bezeichnen. Orientierung in dem Sinne, als die Geschehnisse und Entwicklungen in den gesellschaftlichen Subsystemen beziehungsweise die Handlungen der diesen Subsystemen zugeordneten Organisationen indirekt Daten und Rahmenbedingungen setzen, welche eine mittelbare Auswirkung auf unsere NPO haben können. Die Orientierungs-Umwelt generiert daher Situationen und Tatbestände, über die wir Informationen benötigen, weil sie über kurz oder lang für unsere Entscheidungen und Aktivitäten bedeutungsvoll werden können.

Eine letzte Klärung gilt dem **System-Begriff.** Er wird definiert als geordnete Gesamtheit von angebbaren (und damit abgrenzbaren) Elementen und Subsystemen, zwischen denen irgendwelche Beziehungen bestehen, wobei diese Beziehungen "enger" sind als die Beziehungen des Systems zu seiner Umwelt (Super-System). Diesen System-Begriff können wir sehr flexibel handhaben, wobei wir davon ausgehen, dass es keine Systeme gibt, sondern dass wir bestimmte "Ausschnitte" der Realität als Systeme betrachten.

Was damit gemeint ist, soll anhand von *Abbildung 13* illustriert werden. In diesem Verbandsmodell wurden die **Systemgrenzen** (was gehört dazu, was nicht?) so gezogen, dass die **Mitglieder** in ihren Rollen als Lieferanten von Inputs in den Verbandsbetrieb **als Teile/Elemente des Systems** betrachtet werden. Ebenso wird die Leistungsabgabe an die Mitglieder als **system-interne** Transaktion aufgefasst. Wir interpretieren demnach die Mitgliedschaft als besondere, enge Beziehung, welche eine andere Qualität und Intensität aufweist als Transaktionsbeziehungen zu system-externen Partnern (z.B. Nichtmitglieder).

Damit haben wir diejenigen "Bilder" und Vorstellungen aufgearbeitet, welche Eingang in das Management-Modell gefunden haben.

Abbildung 12: Umweltschichten der Organisation

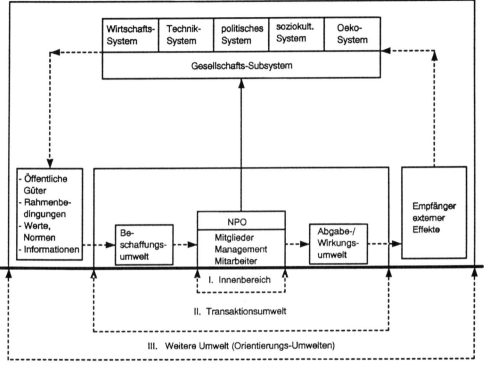

Abbildung 13: Struktur- und Beziehungsmodell des Verbandes (am Beispiel Wirtschaftsverband)

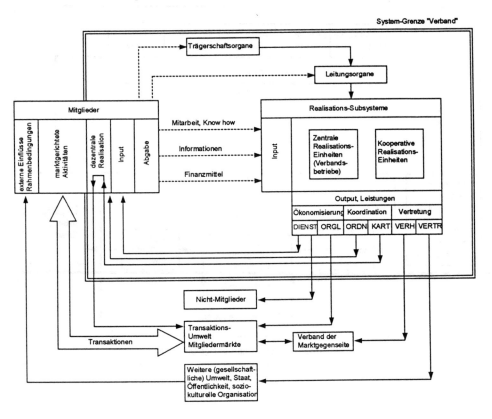

3. Das Freiburger Management-Modell (Ordnungs-/ Objekt-Modell) im Überblick

Die *Abbildungen 14 bis 17* zeigen den Aufbau des Modells zunächst gesamthaft (*Abbildung 14*), anschliessend die drei Teilsysteme in ihrer detaillierten Untergliederung.

Da die drei Teilsysteme (Umwelt, Marketing, Potentiale) anschliessend in Einzelheiten beschrieben werden, ist hier nur auf einige grundsätzliche Punkte hinzuweisen:

1) Das **Umwelt-System** ist konsequent nach den im vorangehenden Abschnitt *2.1* erläuterten "Bildern" aufgefächert, wobei das Problem der NPO-Systemgrenzen (Mitglieder = Innenbereich) hier noch nicht zum Tragen kommt. Wie zu zeigen sein wird, ist das Umwelt-System aufs engste mit dem Marketing-/Leistungs-System verbunden, in dem ja das letztere als unmittelbar auf das erstere ausgerichtet zu begreifen und zu gestalten ist.

2) Das **Marketing-/Leistungs-System** beruht auf einer sehr weiten, modernen Auffassung von Marketing, indem es nicht nur die Gestaltung und Abgabe von Leistungen/Outputs, sondern ebenso die kommunikative Seite der Beschaffung des Inputs zum Gegenstand hat. Denn wesentliche Teile der Mittelbeschaffung sind heute nur mit Marketing-Methoden effizient zu bewältigen. Typisches Beispiel ist etwa das Fundraising als Beschaffung von Finanzmitteln auf Spendenmärkten. Hier bekommt nun auch der **Innenbereich** durch Einbezug der Mitglieder in die Systemgrenzen seine Bedeutung.

Das **Potential-System** untergliedern wir wiederum in zwei Teilsysteme:

3) Das **Betriebsmittel- und Kooperations-System**
Als Betriebsmittel bezeichnen wir die Ressourcen, welche wir auf Märkten beschaffen und dann einsetzen und verwalten müssen. Dazu gehören Personen (Mitglieder, Milizerinnen und Milizer, Mitarbeiterinnen und Mitarbeiter), Sachmittel (Liegenschaften, Betriebs-/Büroeinrichtungen,

Maschinen usw.), Finanzmittel (Beiträge, Spenden, Subventionen usw.) sowie Informationen, die wir für unsere Entscheidungen benötigen.

Abbildung 14: Freiburger Management-Modell für NPO (NPO-Ordnungs-/ Objekt-Modell)

1. Umwelt-System	
Ressourcen/Leistungsadressaten-System	
1.1 Weitere Umwelt/Orientierungs-Umwelt	
1.2 Beschaffungs-Umwelt	1.3 Abgabe-Umwelt

2. Marketing-/Leistungs-System		
2.1 NPO-Marketing: Grundlagen		
2.2 Marketing-Philosophie und Marketing-Logik		
2.3 Marketing-(Management)-Konzept		
Inputbereich	Innenbereich	Outputbereich
2.4 Marketing-Planung		

Potential-System	**3. Betriebsmittel- und Kooperations-System**
	4. Management-System

Abbildung 15: Das Umwelt-System als Teil des Freiburger Management-Modells für NPO

1. UMWELT-SYSTEM
Ressourcen-/Leistungsadressaten System

1.1 Weitere Umwelt / Orientierungs-Umwelt

Wirtschafts- System	Technisches System	Politisches System	Sozio-kulturelles System	Öko-System

Transaktions-/Austausch-Umwelt

1.2 Beschaffungs-Umwelt	**1.3 Abgabe-Umwelt**
1.2.1 Betriebsmittel - Mitglied - Personal - Finanzmittel - Informationen	**1.3.1 Beeinflussungs-Umwelt** - Staat, politisches System - Öffentlichkeit - andere Organisationen
1.2.2 Kooperationen Institutionalisierte Zusammen- arbeit mit anderen NPO	**1.3.2 Dienstleistungs-Umwelt** - Mitglieder - Klienten - Dritt-Adressaten

Abbildung 16: Das Marketing-/Leistungs-System) als Teil des Freiburger Management-Modells für NPO)

2. MARKETING-/LEISTUNGS-SYSTEM		
2.1 Grundlagen für den Einsatz des Marketings in NPO		
2.2 Marketing-Philosophie und Marketing-Logik		
2.3 Marketing(-Management)-Konzezpt		
2.3.1 Gesamtpositionierung der Organisation: CI und COOPI Marketing-Einsatzbereiche: 2.3.2 - 2.3.6		
Inputbereich	**Innenbereich**	**Outputbereich**
Beschaffungsmarketing	**Marketing innerhalb der NPO**	**Leistungsabgabe-Marketing**
Dritte, Umwelt	NPO-Mitglied	Dritte, Umwelt
CI / COOPI	CI	COOPI
2.3.2 Beschaffungsmarketing		2.3.3 Interessenvertretung
- Mitglieder - Finanzmittel . Subventionen . Fundraising . Personal - Kooperation/Einkauf	- Information - Finanzmittel/Beiträge - Mitarbeit/Know-how	- Collective Bargaining - Beziehungen zum politischen System - Öffentlichkeitsarbeit für NPO - Social Marketing für "übergeordnete" Ideen
	2.3.4 NPO-Eigenmarketing	2.3.5 Marketing als Auftragsdurchführung
	- Internes Marketing - Mitgliederpflege, Info - Einsatz von Freiwilligen - Marketing-Transfer (mehrstufige NPO) - Koordinationsleistungen	- Cooperative Communication (Image) - Gemeinschaftswerbung (Produkte) - Verbandsmarketing (z.B. Messen)
	2.3.6 Dienstleistungs-Marketing	
	an Mitglieder	an Dritte, Klienten
2.4 Marketing-Planung		

M

Abbildung 17: Das Potential-System als Teil des Freiburger Management-Modells für NPO

POTENTIAL-SYSTEM (Mittelbeschaffung und -gestaltung)		
3. Betriebsmittel- und Kooperations-System - Beschaffung - Einsatz - Verwaltung		**4. Management-System** - Aufgaben - Instrumente - Prozesse
3.1 Mitglieder	**3.6 Administration**	**4.1 Entscheidungs-System** - Willensbildung - Verantwortung
3.2 Ehrenamtler (Milizer)	**3.7 Kooperationen**	**4.2 Führungs-, Personal- und Verhaltens-System** - Interkationen Führer/Geführter - Gruppenführung
3.3 Hauptamtler (Profis)	3.7.1 Dach-/Spitzenverbände - national - international	**4.3 Organisations-System** - Strukturen - Prozesse
3.4 Finanzen - Preise - Gebühren - Spenden - Subventionen	3.7.2 Arbeitsgemeinschaften	**4.4 Steuerungs-System** - Zielsetzung, Planung und Controlling - Informationsbeschaffung und Verarbeitung
3.5 Sachmittel (Technik)	3.7.3 Kooperative Betriebe	**4.5 Innovations-System** - Reorganisation - Projektmanagement

Die **Kooperationen** werden als Potentiale betrachtet. Einrichtungen wie Arbeitsgemeinschaften, Dachverbände usw. sind für uns Mittel, Instrumente, mit deren Hilfe wir bestimmte Aufgaben in Zusammenarbeit mit anderen NPO lösen.

4) Das **Management-System** (M-S)

Zu dessen Abgrenzung beziehungsweise inhaltlichen Bestimmung sind einige zusätzliche Überlegungen erforderlich.

Die Betriebswirtschaftslehre (BWL) ist faktisch heute nicht mehr nur eine Ökonomie, die sich mit geldwertmässigen Grössen, also letztlich mit der finanzwirtschaftlich-buchhalterischen Dimension von Organisationen befasst. Sie ist zu einer interdisziplinären Führungslehre (im Sinne der angloamerikanischen Managementlehre) geworden, die all jene Erkenntnisse, Methoden und Handlungsanweisungen erarbeitet oder aus anderen Disziplinen aufarbeitet und integriert, welche Führungskräfte benötigen, um ihre Organisation zielorientiert (planvoll) zu gestalten und in ihrer Gesamtheit oder in Teilbereichen zu führen. Unter dieser Erkenntnisperspektive wird interdisziplinär alles verfügbare Wissen einbezogen, welches zur Lösung des Praxisproblems "Führung von Organisationen" einen Beitrag leisten kann.

Von diesem weiten Ansatz her thematisiert demnach die BWL alle "Probleme", die in einer Organisation anfallen. Nicht alle diese Problemfelder werden aber unter dem Thema "Management-System" abgehandelt. Dazu ist von folgenden zwei Dimensionen der Managementlehre beziehungsweise der Allgemeinen BWL auszugehen:

a) Die **formal-übergreifende** allgemeine Dimension:
   Die Lehre von den sogenannten **Management-Aufgaben/-Funktionen** wie planen, entscheiden, kontrollieren, organisieren, koordinieren, motivieren usw.;

b) Die **materiell-"operative"** Dimension:
   Die Lehre von den sogenannten **Betriebs-Funktionen** wie

   - Beschaffung, Einsatz und Verwaltung von Betriebsmitteln (Mitarbeitende, Finanzen usw.)
   - Marketing
   - Informatik
   - Administration, Rechnungswesen usw.

Diese beiden Dimensionen sind in *Abbildung 18* schematisch dargestellt. Sie zeigt deutlich, dass in der materiell-"operativen" Dimension zahllose Management-Fragen direkt mit den Input-, Transformations-(Produktions-) und Output-Tätigkeiten zusammenhängen. Diese Fragen des Marketing-Managements und des Potential-(Betriebsmittel- und Kooperations-)Managements sind jedoch Gegenstand unserer beiden anderen Modell-Systeme. Im Management-System werden demnach nur die allen Führungsaufgaben gemeinsamen Aspekte aufgegriffen und abgehandelt. So wird hier zum Beispiel die Gestaltung von Willensbildungs-/Entscheidungs-Prozessen diskutiert, unabhängig davon, ob die Entscheidungsinhalte ein Marketing- oder ein Mittelbeschaffungs-Problem betreffen. Es geht also um die "reinen" Lehren der Entscheidung, Planung, Organisation, Führung und Innovation.

Diese kurzen Erläuterungen der Modell-Teilsysteme sollten das grundsätzliche Verständnis für die Modellgliederung fördern. Auf Einzelheiten wird nach der Präsentation des Lehrgang-Modelles kapitelweise eingegangen.

Abbildung 18: Freiburger Management-Modell für NPO:
Input-Output-Darstellung der drei Management-Bereiche

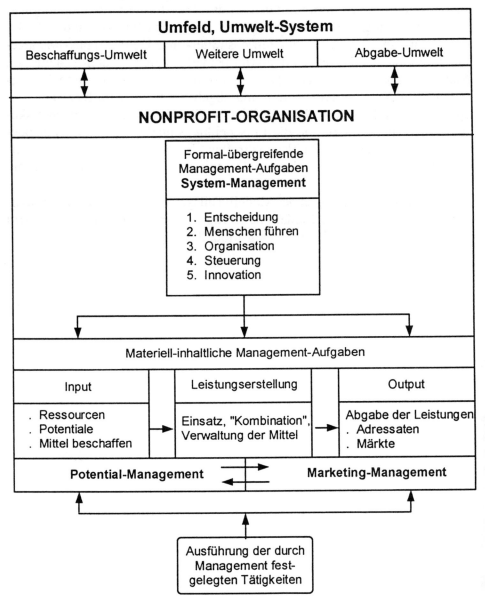

4.   Das NPO-Postgraduate-Lehrgang-Modell

Das Forschungsinstitut für Verbands- und Genossenschafts-Management der Universität Freiburg/Schweiz (VMI) befasst sich seit 1976 mit den besonderen Führungsfragen von Nonprofit-Organisationen. Neben der Durchführung von Einzelseminaren zu unterschiedlichsten Themen und zahlreichen Einzelpublikationen gewann es mit der Zeit zusätzliche Erfahrungen und Erkenntnisse aus der NPO-Beratung.

1985 begann das VMI – aufgrund zunehmender Nachfrage aus der NPO-Praxis – mit der Entwicklung des Postgraduate Lehrgangs für Verbands- und Nonprofit-Management (PGL). Dieser umfasst vier einwöchige Kurse (Module), über ein Jahr verteilt. Die Teilnehmer haben eine Seminararbeit zu einem Grundsatzproblem ihrer NPO zu schreiben und am Schluss eine schriftliche Prüfung abzulegen, um das Zertifikat zu erlangen.

Die vier Module des Lehrganges folgen im wesentlichen dem obgenannten Systemaufbau, teilweise wird jedoch von der System-Logik abgewichen und aus praktisch-didaktischen Gründen eine andere Themenreihenfolge (jedoch in der vorgegebenen Objektgliederung) gewählt. Für den Lehrgang selber wurde ebenfalls ein Modell entwickelt, welches den Ablauf und die Methodik wiedergibt.

Das Management-Modell bildet – als Abbild des Objektbereichs – das Problem-Struktur-System im Sinne jener Gegenstände, die im PGL (grösstenteils) abzuhandeln sind.

Das Problem-Lösungs-System zeigt auf, wie die Systeme und Elemente von Umwelt und NPO bearbeitet werden sollen. Dies geschieht in drei Phasen (*Abbildung 19*):

1. **Problem-Definition und Lösungsansätze.** Es werden aus der Theorie und der Erfahrung Begriffe, Konzepte, Kriterien und Gestaltungselemente aufgearbeitet. Diese bilden das Rüstzeug an Wissen und Kenntnissen bezüglich der effizienzorientierten Gestaltung eines Problembereiches.

53

Abbildung 19: Das Freiburger NPO-Postgraduate-Lehrgang-Modell

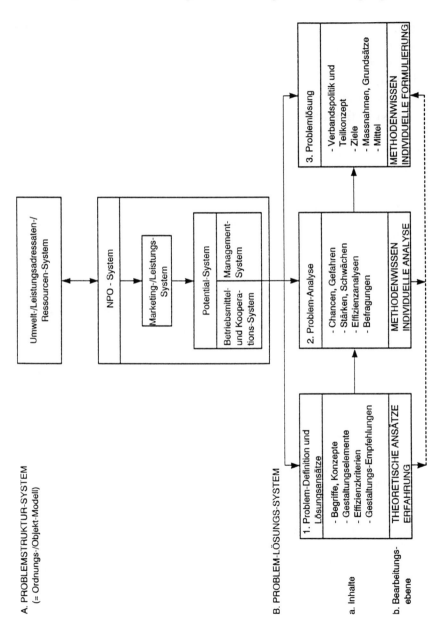

2. **Problem-Analyse.** Zum einen ist das Methodenwissen zur Durchführung von Analysearbeit zu vermitteln. Zum andern ist Bestandteil von Kurs und Seminararbeit die konkrete Analyse/Beschreibung des IST-Zustandes in den Organisationen der Teilnehmer, wiederum bezogen auf alle Problembereiche.

3. **Problem-Lösung.** Nach der Vermittlung des Methodenwissens zur Formulierung von Dokumenten der Zielsetzung und Planung hat jeder Teilnehmer als praktische Anwendung des Lehrgangstoffes ein Grundsatzpapier für seine Nonprofit-Organisation zu erarbeiten. Als Grundsatzpapiere verstehen wir: NPO-Politik, Leitbild, Organisationskonzept, Finanzkonzept, Leistungs- und Marketing-Konzept, PR-Konzept usw.

Im Ordnungs-/Objekt-Modell haben wir eine "vollständige Feldabdeckung" im Sinne eines alle Management-Probleme umfassenden Rasters angestrebt. Nicht alle diese Problemfelder werden aber im PGL überhaupt oder in gleicher Intensität behandelt. Das **Schwergewicht** wird bewusst auf die **NPO-spezifischen** Fragestellungen gelegt, also jene Themenbereiche, die einen **besonderen** NPO-Lehrgang überhaupt rechtfertigen. Lehrinhalte wie zum Beispiel EDV-Management, Personalwirtschaftslehre, Administration weisen unseres Erachtens zu wenig NPO-Spezifika auf, zudem besteht dafür ein hinreichendes Lehrangebot auf dem Markt. Die Erfahrung mit den bisher durchgeführten Kursen zeigt, dass diese Schwerpunkt-Bildung sinnvoll ist. Sie zeigt aber gleichzeitig auch, dass der auf NPO schlechthin ausgerichtete Lehrgang für Teilnehmer aus irgendwelchen Organisationen brauchbar ist. Beweis dafür ist die Heterogenität des Teilnehmerkreises bezüglich Ausbildung, Nationalität und NPO-Betriebstypen. Damit wird der Erfahrungsaustausch unter den Teilnehmern/innen zu einem den Lehrgang wesentlich bereichernden Aspekt.

III.

Beschreibung der Teilsysteme des Modells

1. Das Umwelt-System (Ressourcen-/Leistungsadressaten-System)

1.0 Grundlagen

1.0.1 NPO als Input-Output-System

Wie erwähnt, inventarisiert und systematisiert das Modell des Umwelt-Systems (siehe *Abbildung 15*) alle möglichen Umweltbereiche, mit denen eine NPO in Beziehung stehen kann. Dieses generell-abstrakte Modell ist für real-existierende NPO individuell zu interpretieren, durch Auswahl und Präzisierung der für die jeweilige NPO tatsächlich relevanten Umwelten und ihre Darstellung in einer Beziehungs-/Kommunikations-Matrix beziehungsweise in einem Modell der Austauschbeziehungen, wie es in *Abbildung 13* generell für Wirtschaftsverbände dargestellt wurde.

In diesem Sinne wird die NPO auch als **umweltabhängiges System** betrachtet. Die Umwelt und ihre Geschehnisse (Zustände, Entwicklungen, Ansprüche, Forderungen, Normen, Angebote usw.) sind das Orientierungsfeld der NPO. Diese muss wissen (durch Informationsbeschaffung), was in ihren relevanten Umwelten geschieht und abläuft und muss deren Sein und Werden als **Chancen und Gefahren** erkennen, die gewonnenen Informationen als **Rahmenbedingungen, Entscheidungsvariablen** und **Erfolgsdeterminanten** berücksichtigen und verwenden. Existenzsicherung (Bestandeserhaltung) und Erfolg (Zweckerfüllung) der NPO hängen deshalb nicht nur vom "internen Funktionieren" der NPO ab, sondern hauptsächlich davon, wieweit es ihr gelingt, ein **Transaktions-Gleichgewicht** im Input- und Output-Bereich mit den unterschiedlichen Umweltsektoren zu erreichen. Diese Transaktionsvorstellung findet auch in der **Anreiz-Beitrags-Theorie** sowie in der **Reiz-Reaktions-Theorie** ihren Niederschlag.

1.0.2 Anreiz-Beitrags-Theorie

Diese Theorie beziehungsweise dieser theoretische Bezugsrahmen basiert auf ökonomisierenden Interpretationen des Verhaltens und der zwischen-

59

menschlichen Beziehungen als **Austauschprozess**, wie sie etwa in der Psychologie von HOMANS zu finden sind. Diese zunächst interpersonellen Vorstellungen wurden auch auf die Beziehungen zwischen Organisationen (als abstrakt-gedankliche Gebilde) sowie zwischen diesen und Personen oder Gruppen übertragen. Sie beinhalten im wesentlichen den Gedanken, dass die Organisation allen ihren Mitgliedern, Teilnehmern, Beziehungs- und Verhandlungspartnern etwas (an)bieten muss, das dieselben als (positiv bewerteten) Anreiz empfinden, damit sie im Gegenzug an die Organisation die von dieser gewünschten Beiträge leisten. Der Beitragsbegriff im Sinne der Gegenleistung ist dabei sehr weit und umfassend zu verstehen und bezeichnet jegliches von der Organisation als positiv bewertetes Verhalten der Partner. Unter dieses Denkmodell fällt typischerweise die **Motivationstheorie** (die NPO bietet Anreize wie Lohn, Aufstiegschancen, Lob durch Vorgesetzten usw., um die Leistungsbereitschaft der Mitarbeiter zu fördern). Es kann auf die **Beziehung Mitglied – Verband** angewendet werden (siehe *Abbildung 27*). Das **Fundraising** (Spendenbeschaffung in Karitativ-Organisationen) funktioniert nach diesem Modell (Tausch "Spende gegen gutes Gewissen als Wohltäter") ebenso wie das **Lobbying** oder das **collective bargaining** (z.B. Tarifverhandlungen), wobei in diesen beiden Beziehungsbereichen auch der ausdrücklich angekündigte Verzicht auf eine angedrohte Massnahme als "positiver Anreiz" wirken kann.

Das obgenannte Transaktionsgleichgewicht zwischen Input und Output ist demnach gleichzeitig auch als Anreiz-Beitrags-Gleichgewicht zu verstehen. Nur wenn es der NPO gelingt, immer wieder aufs neue Anreize für alle ihre Beziehungspartner zu schaffen und die von ihr benötigten vielfältigen Beiträge zu erhalten, kann sie ihre Existenz sichern, die "Abwanderung" von Teilnehmern verhindern, ihre Leistungen "an den Mann bringen", konkrete Unterstützung gewinnen.

1.0.3   Reiz-Reaktions-Theorie

Auch diese Theorie hat ihre Wurzeln in der Psychologie und wurde vom Individual- auf das Organisationsverhalten übertragen. Sie versteht das Verhalten als Reaktion auf bestimmte, aus der Umwelt auf das Individuum "treffende" Stimuli oder Reize, wobei diese nun positiver Art (Belohnungen) oder negativ (Bedrohungen, Bestrafungen) sein können. Typisch wird dieses Modell (Stimulus-response-Modell) etwa in der Dressur von Tieren angewendet, aber ebenso in der Erziehung von Kindern durch Konditionieren ihres Verhaltens mittels "Stimuli" der Erwachsenen.

Ergänzend zu diesen S-R-Modellen treten die kognitiven Theorien, die das Verhalten als Ergebnis kognitiver Prozesse (gedankliche Einsicht in die Problemstrukturen) erklären.

Auf Organisationen übertragen beinhaltet diese Theorie drei Aspekte:

1) Das für die NPO bedeutsame "Geschehen" in den für sie relevanten Umweltsektoren sind die Reize, Stimuli, welche die Organisation in **Probleme** umdefiniert, die auf sie zukommen. Dieses zunächst noch externe, ausserhalb der NPO liegende Geschehen wird demnach von ihr als **Problem internalisiert**: Als Reaktion auf die Stimuli unternimmt die NPO eigene, systeminterne Handlungsweisen, um diesem Problem zu begegnen beziehungsweise um es zu lösen.

2) Während das Reiz-Reaktions-Modell rein begrifflich eine unmittelbare Abfolge (auf den Reiz erfolgt sofort die Reaktion) suggeriert, hat die "intelligente" Organisation aber (aufgrund von Erfahrungen und von Einsichten) gelernt, die als **Probleme** relevant werdenden Stimuli **so früh wie möglich zu "entdecken"** (Problem-Früherkennung), da sie Zeit benötigt, um ihr Reaktions-Verhalten (im Sinne der Lösungsentwicklung) vorzubereiten. Je früher diese Probleme erkannt werden, desto "besser" sind sie zu bewältigen.

3) Durch Problem-Früherkennung hievt sich deshalb die NPO aus dem kurzfristig-reaktiven "Feuerwehr"-Verhalten in ein **aktiv-prospektives Agieren** und baut damit erneut ein Potential für die Existenz- und Erfolgssicherung auf.

1.0.4 Typologie der Beziehungen NPO-Umwelt

Versucht man, alle möglichen Beziehungsarten, die eine NPO mit ihren Umweltsektoren (Partnern) unterhält, zu gruppieren, so könnte folgender Ansatz brauchbar sein:

1) **Tauschbeziehung Nutzen-Geld:**

   Diese findet sich vor allem in Marktbeziehungen (Kauf/Verkauf von Gütern/Leistungen gegen mindestens kostendeckende Preise). Sie ist aber auch unter Nicht-Markt-Bedingungen (etwa bei Monopolen, Abnahmezwang usw.) anzutreffen.

2) **Unterstützung:**

   Sie umfasst Leistungen an die oder der NPO ohne Entgelt. Aktiv kann diese Unterstützung durch Spenden, Hilfe usw. erfolgen, passiv eher durch Duldung, Beifall, Tolerierung.

3) **Verhandlung (collective bargaining):**

   Die NPO legt durch Verhandlungen und Abmachungen mit anderen Organisationen bestimmte Verhaltensweisen für sich, die Mitglieder oder Dritte fest.

4) **Kommunikation:**

   Die NPO gibt als Sender bewusst oder unbewusst durch ihr Verhalten, Entscheiden und aktive Kommunikation bestimmte Informationen an empfangende Umwelten ab, im Sinne der Orientierung oder der Beeinflussung derselben. Kommunikation tritt selbständig (z.B. Öffentlichkeitsarbeit) oder begleitend mit einer Verbandstätigkeit in Erscheinung (z.B. Werbung für eine Leistung).

5) **Partizipation/Mitgliedschaft:**

   Meist als Folge einer Mitgliedschaft, Kooptation oder Berufung kann die NPO beziehungsweise ihr Vertreter an den Entscheidungsprozessen anderer Systeme (NPO) teilnehmen. Dies ist zum Beispiel in allen Kooperationen (Arbeitsgemeinschaften, Dach-/Spitzenverbänden usw.) der Fall, welche im Modell der Beschaffungsumwelt zugeordnet werden, da die Kooperationsleistungen quasi als Ersatz für eigene Leistungen betrachtet werden können, also Input-Charakter haben.

6) Externe Effekte:

Dazu gehören mittelbare Auswirkungen (Nebenwirkungen oft unbeabsichtigter Natur) auf bestimmte Umweltsegmente:

- "public goods" als für den Empfänger (des Effektes) positive Wirkung (z.B. die durch ein Sozialwerk und seine Leistungen an Bedürftige erzielte Staatsentlastung);
- "public bads" als für eine Gruppe negative Wirkungen (z.B. der Lobbyerfolg eines Wirtschaftsverbandes für eine Konsumentengruppe).

1.0.5 Funktionen der Umwelt für die NPO

Im Zusammenhang mit dem Management und insbesondere mit der Planung der NPO erhält das Umwelt-System zusätzlich zu der Orientierungs- und der Transaktions-Funktion eine besondere Bedeutung in folgenden Bereichen:

1) Umwelt als Informationsbeschaffungs-Quelle:

Für Planungsprozesse ist die Umweltanalyse eine unerlässliche Voraussetzung. Sie fördert Chancen (positive, zu nutzende Entwicklungen) und Gefahren (zu bekämpfende, zu konterkarierende Trends, Geschehnisse) zutage.

2) Umweltsektoren als Leistungswirkungs-Zielbereiche:

Die NPO definiert, was sie in einzelnen Sektoren erreichen, erzielen, verändern will (z.B. durch Unternehmerschulung die Führungsqualität in den Mitgliedsbetrieben verbessern).

3) Umweltsektoren als Erfolgs-Evaluationsbereiche:

Durch Messung von Marktanteil, Organisationsgrad, Ausmass der Akzeptanz/Unterstützung (z.B. bei Wahlen und Abstimmungen) usw. wird festgestellt, was die NPO durch ihre Aktivität in den einzelnen Sektoren tatsächlich bewirkt hat.

Im folgenden sind nun die einzelnen Bereiche des Umwelt-Systems näher zu beschreiben, gemäss der in *Abbildung 15* aufgezeigten Gliederung.

1.1 Weitere Umwelt, Orientierungs-Umwelt

Jede NPO ist ein Teil eines bestimmten Gesellschafts-Systems und von demselben in wesentlichen Bereichen geprägt. Die Gesellschaft beziehungsweise deren Teilsysteme (gemäss *Abbildung 15*) bilden den Kontext, innerhalb dessen die NPO "lebt" und agiert. Die Gesellschaft ist für die NPO insbesondere als Trägerin von Werten und Normen, von Geschehnissen und Entwicklungen relevant. Diese setzen einerseits **Rahmenbedingungen** für das Handeln der NPO, die zwingend oder aber selektiv-freiwillig befolgt werden (z.b. Gesetze, moralische Werte). Andererseits schaffen sie **Tatbestände**, welche mittelbar Auswirkungen für die NPO haben (z.b. Wechsel in der Regierung, Arbeitskonflikte in anderen Branchen). Zudem **wirken** die gesellschaftlichen Teilsysteme **auf die Transaktions-Partner** der NPO ein, so dass deren Verhalten, Erwartungen sich wiederum verändern können und damit für die NPO selber relevant werden.

Was deshalb in diesen Teilsystemen "geschieht", muss von der NPO beobachtet und beachtet werden. Aus der Orientierungs-Umwelt muss sie sich jene Informationen beschaffen, die für sie (heute oder morgen) von Bedeutung sind. Dass dies ein schwieriges und arbeitsaufwendiges Herausfiltern und Selektionieren aus einer Unmasse von Informationen darstellt, leuchtet unmittelbar ein. Keine NPO wird aber darum herumkommen, sich diesen "weiteren Horizont" in mehr oder weniger hohem Masse zu verschaffen, um insbesondere künftige Entwicklungen zu erkennen, die auf das eigene Handeln oder dasjenige der Transaktions-Partner "durchschlagen" können.

1.2 Beschaffungs-Umwelt

Die Beschaffungs-Umwelt ist für die Leistung einer NPO oft wichtiger oder gleich wichtig wie die Abgabe-Umwelt. Dies im Gegensatz zur Profit-Organisation (Unternehmung), wo die Absatz-Marktbeziehung eindeutig systemsteuernd ist.

1.2.1 Betriebsmittel

Dazu zählen wir Mitglieder, Milizer, Mitarbeiter (Personal), Finanzen und Sachmittel. Zu beachten sind hier zwei Punkte: Erstens existieren NPO, bei denen die Mittelbeschaffung (Fundraising) zum Hauptzweck der Organisation geworden ist. Zweitens ist der Mittelerhaltung, wie beispielsweise der Pflege von Mitgliedern oder Spendern, ein genau so grosser Stellenwert einzuräumen wie der eigentlichen Beschaffung. Über die Betriebsmittel folgen weitere Ausführungen im Kapitel *3 Betriebsmittel-System*.

1.2.2 Kooperationen

Dazu gehören Dach-/Spitzenverbände, Arbeitsgemeinschaften, kooperative Betriebe. Für die Lösung vieler Aufgaben ist eine institutionalisierte Zusammenarbeit mit anderen NPO erforderlich, sei dies in übergeordneten (Landes-, internationalen) Verbänden, Nachbarverbänden (z.B. Maler- und Gipserverband kooperiert mit dem Lack- und Farbenfabrikantenverband) oder untergeordneten Organisationen (Regionalgruppen). In Arbeitsgemeinschaften werden gemeinsame Aktionen durchgeführt. In kooperativen Betrieben (z.B. gemeinsames Forschungsinstitut) sind mehrere NPO die Träger.

Dieser Überblick lässt erkennen, dass die Beziehungen zu den Beschaffungs-Umwelten viel stärker unter Marketing-Gesichtspunkten zu betrachten sind, als dies bei Profit-Organisationen der Fall ist. Deshalb werden wir Marketing im weitesten Sinne als "Management der Austausch-/Transaktions-Beziehungen" verstehen.

1.3 Abgabe-Umwelt

Die Leistungen einer NPO im Outputbereich lassen sich unter Beeinflussung und Dienstleistungen subsumieren.

65

1.3.1 Beeinflussungs-Umwelt

Die Gründung einer NPO ist vielfach auf den Wunsch nach einer koordinierten Interessenvertretung zurückzuführen. Ein einzelnes Mitglied (z.B. Unternehmung, Berufsmann) vermag seine Interessen im politischen System nicht genügend zu artikulieren. Deshalb werden solche Aufgaben an eine kooperative Organisation ausgegliedert.

Als wichtige Zielgruppen der Beeinflussungs-Umwelt können wir unter anderem

- den Staat, das politische System
- die Öffentlichkeit
- andere Organisationen oder Kollektive

ansehen.

1.3.2 Dienstleistungs-Umwelt

NPO sind in hohem Masse Dienstleistungsbetriebe (Schulung, Betreuung, Unterstützung, Information usw.). Dienstleistungen können für die Mitglieder der Organisation, für Klienten (z.B. Bedürftige, die von einem Hilfswerk betreut werden) oder für Dritte (z.B. eine Kundenbeziehung) bereitgestellt werden.

Wichtig ist für uns, vor Augen zu halten, dass wir es im NPO-Management mit einer Vielzahl von für die Organisation wichtigen Transaktionsumwelten zu tun haben, die in ganz verschiedenartigen Beziehungen (siehe Abschnitt *1.0.4*) zur Organisation stehen. Man vergleiche dazu eine Unternehmung, für welche die reine Markt-Beziehung eindeutig dominant ist.

2. Das Marketing-/Leistungs-System

2.0 Einführung

Wie im Überblick über das Gesamt-Modell (*Teil II*) erwähnt wurde, verkörpert das Freiburger Management-Modell für NPO eine marketingorientierte Interpretation des Organisationszweckes:

1. Zweck der NPO ist es, bestimmten Umwelten gegenüber gewisse Wirkungen zu erzielen und Nutzen zu stiften.

2. Die Zweckerfüllung erreicht die NPO durch Produktion und Abgabe bestimmter Leistungen und eine aktive Beeinflussung der Umwelt, insbesondere durch Kommunikation.

Unter Marketing verstehen wir daher generell ein **aktives "Management der Umwelt-Beziehungen"** (siehe die Übersicht in *Abbildung 16*). Dem Praktiker sollen im Bereich Marketing eine klare Problemstrukturierung ermöglicht und zum Teil auch heuristische Planungshilfen zur Verfügung gestellt werden, um das gesamte "Umwelt-Management" systematisch durchführen zu können.

Das Marketing-/Leistungs-System gliedern wir für die Beschreibung in die vier Teile:

1. Grundlagen
2. Marketing-Philosophie
3. Marketing-Management-Konzept
4. Marketing-Planung.

2.1 Grundlagen: Austauschsysteme und Steuerungsmechanismen

Die Charakterisierung der NPO und die Darstellung des Umwelt-Systems haben deutlich gezeigt, dass Marketing-Austauschbeziehungen im NPO-Bereich komplexer sind als im unternehmerischen Bereich, wo die Absatzmarkt-Beziehungen eindeutig dominieren. Der dieser Beziehung zugrunde liegende Austauschprozess lässt sich mit dem Axiom "Ware gegen Geld" umschreiben. Wie uns die vorgestellte Typologie der Beziehungen der NPO zu den Umwelten gezeigt hat, werden die NPO-Austauschprozesse von ganz unterschiedlichen Steuerungsmechanismen geprägt (*Abbildung 20*).

Abbildung 20: Austauschprozesse und Steuerungsmechanismen in NPO

Austauschsysteme	*Steuerungsmechanismen*
Marktsysteme/Individualgüter	Marktpreise/Monopolpreise
Marktsysteme/Dienstleistungen	Marktpreise/Monopolpreise
Nicht-Marktsysteme	verhandeln, abmachen
politische Systeme	Plan/Wahl/politische Prozesse
karitative Systeme	Spenden/zuteilen
Mitgliedschaft/Partizipation	Beitritt/Widerspruch/Abwanderung

Aufgrund empirischer Erfahrungen lässt sich beispielsweise ein **verbandliches Transaktions-System** gemäss *Abbildung 21* darstellen. Die NPO steht in intensiven Austauschbeziehungen zu ihren Mitgliedern (z.B. Abgabe von Leistungen, Einfordern von Beiträgen, die Mitglieder üben Stimm- und Wahlrechte aus). Die NPO wirken aber auch in Mitgliedermärkten (z.B. in Form von Verbandsgemeinschaftswerbung); sie beeinflussen die Umwelt im Sinne der Mitglieder, führen Verhandlungen mit Verbänden der Marktgegenseite (z.B. Lohnverhandlungen mit Gewerkschaften) oder setzen sich für Dritte ein (z.B. Flüchtlings-Organisation). Als **Steuerungsmechanismen** wirken dabei:

Abbildung 21: (Marketing-)Transaktionsbeziehungen des Verbandes im Innen- und Aussenbereich

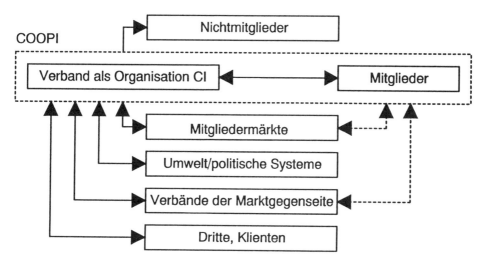

a) der **Markt**, wenn Dienstleistungen mindestens (voll-)kostendeckend an Mitglieder oder Dritte abgegeben (verkauft) werden;

b) **Nicht-Markt-Systeme**, wenn Leistungen gegen nicht-kostendeckende Gebühren oder gar unentgeltlich abgegeben werden, so dass die ungedeckten Kosten durch andere Mittel (z.B. Beiträge, Spenden, Subventionen) finanziert werden müssen. Dabei "intervenieren" andere Kriterien, Bedürfnisse bei den Leistungsbezügern, als dies bei einer vollständigen Marktpreis-Finanzierung der Fall wäre;

c) innerorganisatorische **politische Prozesse** bei direkter Demokratie. Mitglieder und/oder Milizer legen in konfliktträchtigen Willensbildungsprozessen fest, was als offizielles "Interesse" der NPO zu gelten hat, das nach aussen zu vertreten ist oder welche Leistungen von der NPO zu welchen (Abgabe-) Bedingungen produziert werden sollen;

d) **Mitgliedschaftliche Steuerung** bei indirekter Demokratie. Hier hat die Mitgliederbasis nur die Möglichkeit, ihre Vertreter in die NPO-Organe (z.B. Delegiertenversammlung) zu wählen, die Organe treffen aber die materiellen Entscheide. Zur "Beeinflussung" seiner Vertreter kann das Mitglied nur seine **indirekten** Steuerungsmechanismen einsetzen: die "unbotmässigen" Vertreter abwählen, Beitragserhöhungen verweigern, aus der NPO austreten oder in organisiertem Widerspruch mit (vielen) anderen (unzufriedenen) Mitgliedern den Austritt oder gar die Sezession (Abspaltung) androhen.

Gemäss unserer Betrachtung der NPO als Input-Output-System (siehe *Abbildung 11*) unterscheiden wir zwischen Austauschbeziehungen im Input-, Innen- und im Outputbereich. Mit **Inputbereich** meinen wir die Beziehungen der NPO mit der Aussenwelt zur Beschaffung von Betriebs- und Finanzmitteln oder Personal. Der **Innenbereich** ist bei mitgliedschaftlichen Selbsthilfe-NPO relevant. Wie vorne ausgeführt, betrachten wir bei diesem NPO-Typ die Mitglieder als Teile des NPO-Systems und damit die Beschaffungsaktivitäten der NPO bei den Mitgliedern und die Leistungsabgabe an sie als Probleme des Marketing im Innenbereich. Bei mitgliedschaftlichen Fremdleistungs-NPO dagegen wird die Leistungsabgabe an Dritte dem Aussen-/Outputbereich zugerechnet. Der **Outputbereich** umfasst alle Leistungsabgabe-Beziehungen zu Dritten, zu den Mitgliedermärkten, zur weiteren Umwelt und anderen Organisationen (wie die Verbände der Marktgegenseite). Dieser Gliederung der Transaktions-Beziehungen folgt auch die Gliederung der Marketing-Einsatzbereiche (siehe Abschnitt *2.3.2* und folgende).

Zusammenfassend halten wir fest, dass es sinnvoll ist, vor einer möglichen Bestimmung der Marketing-Einsatzbereiche in der NPO die wesentlichen Austauschbeziehungen dieser Organisation festzuhalten und Klarheit zu schaffen über die in diesem Prozess relevanten Steuerungsmechanismen, wie sie in *Teil I* kurz umschrieben und oben beispielhaft illustriert wurden.

Zudem können wir nun **NPO-Marketing etwas präziser umschreiben** als

1) Gestaltung und Abgabe der Leistungen im Innenbereich (an Mitglieder) und Outputbereich (an Klienten, Dritte),

2) Gestaltung der Kommunikation in allen Austauschbeziehungen (Input-, Innen- und Outputbereich),

3) Gewährleistung der Marketing-Orientierung der Mitarbeitenden, des Marketing-Transfers in mehrstufigen NPO sowie einer effizienten Marketing-Organisation im Innenbereich,

wobei diese Gestaltungsaktivitäten von einer klar formulierten Marketing-Philosophie getragen werden müssen.

2.2 Marketing-Philosophie und Marketing-Logik in der NPO

Unter "Marketing-Philosophie" wird im Profitbereich eine marktgerichtete und marktgerechte Unternehmungsführung (Kundenbedürfnisse stehen im Vordergrund) verstanden. Dieses für in Märkten agierende (Profit-)Unternehmungen entwickelte Konzept kann im NPO-Bereich nicht ohne weiteres übernommen werden. Es muss deshalb in jeder NPO ausdiskutiert werden, die Inhalte der Marketing-Philosophie sind individuell festzulegen. Wir stellen hier einige "Interpretationshilfen" und Begründungen für die Akzeptanz der Marketing-Philosophie vor, die den Gehalt der Marketing-Idee für NPO etwas konkretisieren sollten.

2.2.1 Interpretation

Die Umsetzung der Marketing-Philosophie kann in Anlehnung an das Profit-Marketing folgendermassen interpretiert werden:

1. von der Innenzentrierung (Bürokratie) zur **Mitglieder,- Kunden- oder Bürger-Orientierung,** das heisst (Leistungs-)Austauschpartner als Marktsegmente begreifen und entsprechend differenziert behandeln;

2. Wandlung von der Dienstgesinnung (Identifikation mit dem System und der Aufgabe) zur **Dienstleistungs-Orientierung** (konsequente Auffassung, Führung und Gestaltung der NPO als Dienstleistungsbetrieb).

2.2.2 Begründungen

Dass der Einsatz von Marketing in NPO sinnvoll ist, lässt sich auch aus dem Leistungsangebot und der Struktur der Organisation begründen:

1. NPO sind intensive Anbieter von Dienstleistungen. Die Natur der **Dienstleistungs-Produktion** erfordert eine positive Haltung des "externen Faktors" (Dienstleistungs-Benutzers), eine Beeinflussung des Dienstleistungsnehmers ist fast zwangsläufig erforderlich, Beeinflussung heisst nichts anderes als aktive Marktgestaltung.

2. Das unseren meisten Ausführungen zugrunde liegende mehrstufige Strukturmodell für NPO (**Konzern-Organisation** gemäss *Abbildung 6*) erfordert eine klar und eindeutig wahrnehmbare Identität für die Gesamtorganisation. Diese ist durch eine geeignete Struktur, zweckmässige Führungsinstrumente und ein Marketing-Konzept (vor allem CI/COOPI-Massnahmen) zu realisieren.

3. Die Marketing-Philosophie verkörpert ein konsequentes **Anreiz-Beitrags-Denken**.

2.2.3 Akzeptanz der Marketing-Logik

Neben die Bedürfnis-Orientierung (Marktanpassung) treten im Marketing immer auch die Instrumente der Marktgestaltung in Form der aktiven Beeinflussung der Austauschpartner. Deshalb heisst Verwirklichung der Marketing-Philosophie auch, die generelle **Marketing-Logik** zu akzeptieren, die als Ergänzung zu der in NPO vorherrschenden Produktions-Logik tritt. Die Marketing-Logik impliziert, dass zur Bedürfnisbefriedigung (Marktanpassung) immer auch die Komponente der Marktgestaltung gehört, das heisst bei all jenen Aufgaben oder Phasen der Leistungserstellung, wo zwar auf die Bedürfnisse der Leistungspartner (Mitglieder, Nichtmitglieder, Klienten, Spender) abzustellen ist, nach Möglichkeit auch **Kommunikationsinstrumente** eingesetzt werden, um die Akzeptanz der angebotenen Leistungen zu verbessern. Dies ist insbesondere bei grösseren Verbänden fast unumgänglich, da die bei der Gründung vorherrschende direkte Demokratie durch eine repräsentative ersetzt werden musste, die im Zeitablauf meist zu einer Mitgliederentfremdung oder -entfernung führt. Diese "marktgestaltende" Komponente des Marketing verursacht im Vergleich zur "marktanpassenden" Komponente in NPO erfahrungsgemäss grössere Akzeptanzprobleme.

2.2.4 Marketing-Leitsätze

Es hat sich in der Praxis bewährt, vor der Erstellung eines Marketing-Konzeptes mit einer repräsentativen Führungsgruppe herauszuarbeiten, was Marketing für die eigene Organisation bedeutet, wie Marketing in der Organisation interpretiert und definiert werden kann. Es lohnt sich, einige Marketing-Leitsätze festzuhalten, welche die Marketing-Philosophie für die Mitglieder beziehungsweise Träger und Mitarbeiter "be-greifbar" machen. Solche Grundsatzaussagen werden in Leitbildern und NPO-Politiken verbindlich festgelegt. Hier einige Beispiele:

- Wir erbringen die Leistungen mitglieder- und/oder zielgruppenorientiert.
- Wir verhalten uns gegenüber den Mitgliedern, als ob die Mitgliedschaft auf freiwilliger Basis bestehen würde (bei Pflichtmitgliedschaft).
- Wir haben den Mut, Leistungen, die nicht mehr benötigt werden, einzustellen.
- Wir setzen Marketing-Instrumente ein, um die Akzeptanz unserer Leistungen bei den Mitgliedern zu erhöhen.
- Wir versuchen für alle unsere Leistungen Qualitätsstandards zu definieren und lassen die Leistungen von Zeit zu Zeit auch durch den Abnehmer bewerten.
- Wir führen eine Preisdifferenzierung zwischen Mitgliedern und Nichtmitgliedern ein.
- Wir informieren unsere Mitarbeiter und Mitglieder gezielt über die "Mission" unserer Organisation, wir schulen unsere Mitarbeiter über die Bedeutung wirksamer Beziehungen zu unseren Austauschpartnern beziehungsweise zeigen, welche Verantwortung jede und jeder Einzelne für die Qualität der Dienstleistungserbringung trägt, weisen immer wieder darauf hin, dass alle Mitarbeiter wichtige Imageträger unserer Organisation sind.

2.3 Marketing-Management in der NPO 1: Das Marketing-Konzept

Unter Marketing-Management verstehen wir die praktische Umsetzung/Anwendung des Marketing in der NPO. Diese Aufgabe untergliedern wir in ein Marketing-Konzept (Abschnitt *2.3*) und die eigentliche Marketing-Planung für jeden Leistungsbereich (Abschnitt *2.4*). Im Marketing-Konzept sind folgende zwei Schritte vorzunehmen:

1. Gesamtpositionierung der Organisation;
2. Festlegen der Marketing-Einsatzbereiche.

Das Marketing-Konzept als mittel- bis langfristiger "Grobplan" umfasst das Marketing der NPO als Ganzes und dient als Leitlinie oder Rahmenauftrag für die Erstellung der Marketing-Konzepte in den einzelnen (Marketing-)Teilbereichen.

Weshalb lohnt es sich, ein Marketing-Konzept zu erarbeiten?

- weil die Marketing-Instrumente ein **harmonisches Ganzes** bilden müssen,
- weil angesichts der Spezialisierung in Marketing-Teilbereichen ein **einheitliches "Briefing"** für die verschiedenen Entscheidungsträger benötigt wird; das Marketing-Konzept dient als Grundlage für die Marketing-Teilplanungen,
- weil sichergestellt werden muss, dass im **Zeitablauf** die gleiche "Linie" eingehalten und damit ein **harmonischer Imageaufbau** gewährleistet wird.

2.3.1 Gesamtpositionierung der Organisation: CI/COOPI

Eine wesentliche Voraussetzung für ein erfolgreiches Marketing ist die Gesamtpositionierung der Organisation. Denn Austauschpartner nehmen eine Organisation selten isoliert wahr. Die Wahrnehmung steht meistens im Bezug zu vorhandenen semantischen Strukturen, einer vorhandenen Vor- oder

Einstellung zu einer Konkurrenz-Organisation, zu einer persönlich gemachten Erfahrung usw.

Diese automatisch ablaufenden Wahrnehmungsprozesse bei unseren Austauschpartnern versuchen wir durch die Gestaltung unserer **Organisations-Identität** zu beeinflussen. Damit soll bei unseren Austauschpartnern ein positives Bild (Image) unserer Organisation entstehen.

Ein wesentliches Element in diesem Prozess ist die **Positionierung.** Wir legen fest, aus welchen **Identitätselementen die NPO** bestehen soll. Als was beziehungsweise wer will die NPO wahrgenommen werden? Diese Positionierung muss überall und immer vertreten und kommuniziert werden. Bei jeder PR-Aktion, bei jedem Leistungsangebot, bei jedem Spendenaufruf soll die Identität der NPO durchschimmern.

2.3.1.1 Name der Organisation

Meistens ist der Name der Organisation gegeben. Von den häufig verwendeten Abkürzungen im Verbandsbereich ist zu warnen. Abkürzungen sind im Kreis der NPO-Angehörigen gebräuchlich, im Kreis der Umwelt wahrscheinlich wenig bekannt. Abkürzungen sind generell für die Kommunikation ungeeignet.

An sich sind Namensänderungen mit Vorsicht anzugehen, denn Namen bedeuten ein über Jahre geäufnetes Vertrauenskapital. Unsere Erfahrung in der Praxis zeigt immer wieder, dass bereits leichte Namens**modifikationen** zur Profilierung beitragen können, indem zum Beispiel juristische Bezeichnungen weggelassen werden (statt "Stiftung Arbeitszentrum in Wettingen" einfach "Arbeitszentrum Wettingen"). Bereits solche kleinen Modifikationen können die Prägnanz des Namens wesentlich erhöhen.

2.3.1.2 Verbale Positionierung/Mission Statement

Zur Identitätsbildung der Organisation lohnt es sich, die Kerntätigkeit in einer griffigen Kurzformel festzuhalten (verbale Positionierung). Diese verbale Positionierung kann durch ein Mission Statement ergänzt werden. Die wesentlichen Tätigkeiten der NPO werden in prägnanten Formulierungen festgehalten. Beispiele:

- **Verbale Positionierung** (Schweizerische Pflegekinder-Aktion):
  - "Die SPA hilft Pflegekindern und hilft, deren Familien zu erhalten."

- **Mission Statement** (Wirtschaftskammer Oberösterreich):
  1. Wir sind **die Interessenvertretung** der oberösterreichischen Wirtschaft, die für wirtschaftsgerechte, marktwirtschaftliche Rahmenbedingungen eintritt.
  2. Wir **unterstützen** die **Mitglieder** bei der Bewältigung von Problemen, die durch die unternehmerische Tätigkeit entstehen und nicht im Betrieb gelöst werden können.
  3. Wir sind mit unserem WIFI **der Anbieter** für berufliche **Aus- und Weiterbildung** in Oberösterreich.

2.3.1.3 Positionierungskreuz

Im Positionierungskreuz wollen wir die Eigenschaften/Fähigkeiten unserer Organisation herausarbeiten in bezug auf:

- die Konkurrenz
- das Leistungsprogramm
- unsere Zielgruppen
- unsere CI/COOPI.

Zur Illustration dazu das Beispiel der (obgenannten) SPA:

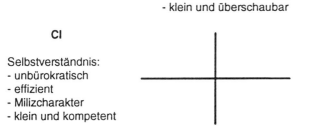

Konkurrenz

- keine staatliche Instanz
- klein und überschaubar

CI

Selbstverständnis:
- unbürokratisch
- effizient
- Milizcharakter
- klein und kompetent

Leistungen

- Expertin in Fremdplazierung
  und Mehrfachbetreuung
- hilft allen an einem Pflegever-
  hältnis beteiligten Personen

Zielgruppen

Besonders wichtig sind für die SPA:
- Regionalvereine
- Fachleute/Behörden
- Spender/Gönner

2.3.1.4 Umsetzung der Positionierung auf CI/COOPI

Die Positionierungsinhalte sind nun über ein CI/COOPI-Programm an die Austauschpartner zu kommunizieren. In NPO unterscheiden wir zwei Identitäten, nämlich die CI und die COOPI. Neben die Identität der Organisation als Gebilde (CI = Corporate Identity) tritt die Mitgliederidentität (COOPI = Cooperative Identity). Damit ist das Selbstverständnis, das Wir-Gefühl der Mitglieder-Gemeinschaft gemeint, das sich aus der kollektiven Erfüllung gewisser Mitgliederaufgaben ergibt.

Für karitative NPO ist es wichtig, dass zwischen der Organisation und den Spendern eine Art Wir-Gefühl entsteht, das heisst eine gewisse Identifikation der Spender mit der Organisation. Für den Aufbau einer solchen tragfähigen Spender-/Gönnerbeziehung und einer soliden Vertrauensbasis müssen wir den Spendern positive Identifikationsmöglichkeiten bieten.

Diese beiden **Organisationsidentitäten** sind festzulegen und bilden eine kommunikative Grundlage (CI-Konzept) für alle Marketing-Massnahmen.

77

Je nach Situation

- tritt die eine oder andere Identität in den Vordergrund,
- sind die beiden Identitäten deckungsgleich,
- gestaltet man zielgruppenspezifisch die CI/COOPI.

Generell steht für die Leistungen im **Innenbereich** eher die **CI**, für jene im **Outputbereich** die **COOPI** im Vordergrund. Im **Inputbereich** sind **CI und COOPI** gleichermassen wichtig.

Die CI/COOPI transportieren wir auf drei "Schienen":

- Design, das heisst alle gestaltbaren Dinge und Objekte
- Kommunikation
- Verhalten.

Zum **Design** gehören alle gestalterischen Massnahmen, von Briefköpfen über die Raumgestaltung bis zur Architektur.

Der Bereich **Kommunikation** umfasst alle kommunikativen Massnahmen der Organisation, wie Rundschreiben, Jahresberichte, Presse-Erzeugnisse usw.

Das **Verhalten** der Organisation resultiert aus dem Mitarbeiterverhalten gegen innen und aussen und aus dem Verhalten der Mitglieder. Ein schmutziger, zerbeulter Lieferwagen eines Malermeisters beeinflusst auch das Image der Malerbranche.

Die Zusammenhänge zwischen CI und COOPI sind in *Abbildung 22* dargestellt.

Abbildung 22: Zusammenhang zwischen CI/COOPI und Image

CI = Corporate Identity (Organisationsidentität)
Identität des Verbands-
betriebes

COOPI = Cooperative Identity (Kooperationsidentität)
Gruppenidentität

CI	COOPI
Corporate Design	Cooperative Design
Corporate Communications	Cooperative Communications
Mitarbeiterverhalten	Mitgliederverhalten

schaffen Identität/Image

Corporate/Cooperative Image	
bei Transaktionspartnern/Umwelten	bei Mitgliedern/Mitarbeitern
Glaubwürdigkeit, Vertrauen Akzeptanz, Zuneigung	Integration, Kooperation Wir-Bewusstsein, Motivation

2.3.1.5 Festlegen der Marketing-Einsatzbereiche

Wie in Abschnitt *2.1* aufgeführt, unterscheiden wir analog zu den Austauschbeziehungen einer NPO zwischen Marketing-Einsatzbereichen im
Input-, Innen- und Outputbereich. *Abbildung 23* gibt ein Inventar aller
möglichen Einsatzbereiche wieder.

Die für die einzelne NPO relevanten Einsatzbereiche sind gestützt auf die
individuell festgelegte Marketing-Philosophie, die Gesamtpositionierung und
die zu lösenden Marketing-Aufgaben zu bestimmen.

In den folgenden Abschnitten sind die Einsatzbereiche kurz zu umschreiben. Wir folgen dabei der Systematik von *Abbildung 23*.

Abbildung 23: Marketing-Einsatzbereiche in NPO

Inputbereich	Innenbereich	Outputbereich
Beschaffungsmarketing	**Marketing innerhalb der NPO**	**Leistungsabgabe-Marketing**
Beziehungen zu Dritten, Umwelt	Beziehungen zu NPO-Mitglied	Beziehungen zu Dritten, Umwelt
CI- / COOPI-Wirkung	CI-Wirkung	COOPI-Wirkung
2.3.2 Beschaffungs-Marketing		**2.3.3 Interessenvertretung**
- Mitglieder, Milizer - Finanzmittel . Subventionen . Fundraising . Personal - Kooperation/Einkauf	- Information - Finanzmittel/Beiträge - Mitarbeit/Know-how	- Collective Bargaining - Beziehungen zum politischen System - Öffentlichkeitsarbeit für NPO - Social Marketing für "übergeordnete" Ideen
	2.3.4 NPO-Eigenmarketing	**2.3.5 Marketing als Auftragsdurchführung**
	- Internes Marketing - Mitgliederpflege, Info - Einsatz von Freiwilligen - Marketing-Transfer (mehrstufige NPO) - Koordinationsleistungen	- Cooperative Communication (Image) - Gemeinschaftswerbung (Produkte) - Verbandsmarketing (z.B. Messen)
	2.3.6 Dienstleistungs-Marketing	
	an Mitglieder	an Dritte, Klienten

2.3.2 Beschaffungs-Marketing

2.3.2.1 Inputbereich

Im Inputbereich/Beschaffungs-Marketing spielt die kommunikative Dimension des Marketing eine dominante Rolle. Einzelne dieser Marketing-Aktivitäten beruhen fast ausschliesslich auf kommunikativen Massnahmen (z.B. Mitglieder-/Milizermarketing, Fundraising), während andere Beschaffungsbereiche (wie z.B. Personal) primär inhaltlich durch andere "Lehren" (z.B.

Personalwirtschaftslehre) abgedeckt sind, somit dem Marketing nur die kommunikative Ebene der Beschaffungsaktivitäten (z.B. Stelleninserate) zuzurechnen ist.

- **Mitglieder, Milizer:**

  In vielen NPO spielt das Mitglieder-Marketing eine wichtige Rolle. Überalterung der Mitglieder und andere Gründe führen laufend zu Austritten, deshalb ist eine kontinuierliche Neubeschaffung von Mitgliedern erforderlich. Für viele NPO bedeutet eine hohe Mitgliederzahl auch eine verstärkte Repräsentativität und/oder verstärkte Markt- und Verhandlungsmacht.

  Bei nicht-mitgliedschaftlichen NPO (Stiftungen) tritt die Rekrutierung von Milizerinnen und Milizern für die Organe an die Stelle der Mitgliedergewinnung. Aufgrund von Anforderungsprofilen sind Interessenten zu suchen und zur Übernahme eines Ehrenamtes und der damit verbundenen Führungsverantwortung zu überzeugen. In Vereinen/Verbänden wird die Milizerrekrutierung zum Innenbereich gerechnet.

- **Finanzmittel:**

  Die Beschaffung von Finanzmitteln erfordert insbesondere im Bereich Fundraising, das heisst der Mittelbeschaffung auf dem Spendenmarkt, den gekonnten Einsatz von Marketinginstrumenten.

- **Personal:**

  Das Personal-Marketing stützt sich inhaltlich auf Stellenbeschreibungen, Anforderungsprofile und das Angebot der Anstellungs- und Arbeitsbedingungen. Seine Aufgabe ist die kommunikative Umsetzung dieser Inhalte und die Vermittlung der dargestellten Positionierung der NPO gegenüber Interessenten auf dem Arbeitsmarkt.

- **Kooperation/Einkauf:**

  Viele NPO (z.B. Einkaufsverbände) führen Beschaffungsaktionen für ihre Mitglieder durch. Viele Aufgaben können nur durch Kooperation mit anderen Verbänden gelöst werden.

2.3.2.2 Innenbereich

- **Information:**

    Die Beschaffung von Informationen bei den Mitgliedern sowie deren Verarbeitung und Weitergabe ist für viele Verbände eine wichtige Servicefunktion (z.B. Herausgabe von Branchen-Statistiken).

- **Finanzmittel/Beiträge:**

    Hier kann es sich um allgemeine Mitgliederbeiträge oder Finanzmittel für spezifische Aktionen handeln (zweckgebundene Sonderbeiträge/-umlagen).

- **Mitarbeit/Know-how:**

    Das Wesen der NPO erfordert die Mitarbeit von Mitgliedern in Organen, Kommissionen und Ausschüssen, teils auch als freiwillige Helfer. Das Finden und Motivieren geeigneter Personen für diese Milizarbeit stellt eine wichtige Marketingaufgabe dar.

2.3.3   Interessenvertretung (Outputbereich)

- **Collective Bargaining:**

    Die Verhandlungen mit "Gegen"-Verbänden, beispielsweise diejenigen zwischen Arbeitnehmern und Arbeitgebern, sind eine zentrale Verbandsaufgabe. Durch gemeinsam erarbeitete Verträge werden verbindliche Normen und Regeln für das Verhalten der Partner-Organisationen und deren Mitglieder festgelegt.

- **Beziehungen zum politischen System:**

    Die Beeinflussung des politischen Systems (Lobbying) ist eine wichtige NPO-Aufgabe. Einzelne Mitglieder sind hier oft machtlos, nur der Verband wird als Verhandlungspartner anerkannt. Aber auch nicht-mitgliedschaftliche NPO müssen sich um die für sie relevanten staatlichen Rahmenbedingungen und politischen Aktivitäten kümmern oder versuchen, politische Entscheide im Interesse ihrer Klienten (z.B. Behinderte) zu beeinflussen.

- **Öffentlichkeitsarbeit:**

  Die Öffentlichkeitsarbeit ist eine permanente Aufgabe jeder NPO, mit dem Zweck der Verbesserung der allgemeinen Rahmenbedingungen für das Wirken der Mitglieder oder des Erzielens von Akzeptanz der NPO und ihres Verhaltens beziehungsweise ihrer Interessen.

- **Social Marketing:**

  Social Marketing bedeutet Marketing für "übergeordnete" Ideen. Die NPO setzt sich beispielsweise ein für "Nichtrauchen", "AIDS-Prophylaxe" usw., also für Ziele, die im Interesse der Allgemeinheit oder einer bestimmten Zielgruppe liegen.

2.3.4   NPO-Eigenmarketing

- **Internes Marketing:**

  NPO sind dem Charakter nach Dienstleistungs-Organisationen. Die Förderung der Dienstleistungsbereitschaft aller Mitarbeiter muss ein wesentliches Anliegen des internen Marketing sein.

- **Mitgliederpflege:**

  Die NPO darf sich nicht auf das Mitglieder-Marketing für neue Mitglieder beschränken, die bisherigen Mitglieder müssen ebenso "gepflegt" und laufend vom Nutzen der Mitgliedschaft und den gefassten Beschlüssen überzeugt werden.

- **Marketing-Transfer (in mehrstufigen NPO):**

  Es nützt nichts, wenn die Zentrale intelligente Marketing-Konzepte entwickelt, die dann irgendwo versanden. Die Realisierung des Marketing ist in vielen Fällen auf die Mitarbeit von Landes-/Kantonal-Organisationen oder regionalen Vereinen angewiesen. Oft geht der Marketing-Transfer bis zum einzelnen Mitglied, wenn beispielsweise im Rahmen der Lehrlingswerbung eines Gewerbeverbandes das einzelne Mitglied Schnupperlehren anbietet und die Verbandsplakate im Betrieb aufhängt. Diesem Marketing-Transfer ist deshalb grosse Beachtung zu schenken. Ihm kommt entscheidende Bedeutung für die CI/COOPI einer Gesamtorganisation zu.

2.3.5 Marketing als Auftragsdurchführung (Outputbereich)

In diese Rubrik gehören Marketing-Aufgaben, die ein Verband für seine Mitglieder löst, beispielsweise die Organisation einer Messe.

Auch im kommunikativen Bereich erfüllen Verbände oft Aufgaben für ihre Mitglieder, zum Beispiel in Form von Gemeinschaftswerbung für Produkte oder als Imagewerbung, um die Marktbedingungen für die Verbandsmitglieder zu beeinflussen.

2.3.6 Dienstleistungs-Marketing

2.3.6.1 An Mitglieder (Innenbereich)

Die Bereitstellung von Dienstleistungen für Mitglieder ist eine Kernaufgabe der NPO. Die enge Mitgliederbeziehung ermöglicht es, sehr bedarfsgerechte Dienstleistungen zu entwickeln. Oft weisen NPO-Dienstleistungen Monopolcharakter auf (z.B. Betriebsvergleiche, Branchenstatistik). Dienstleistungen können zu Markt- oder höheren Preisen angeboten werden, um der Organisation möglichst viele Mittel einzubringen, die zum Beispiel für die Subventionierung von Kollektivgütern eingesetzt werden können. Umgekehrt kann man Dienstleistungen verbilligt anbieten, das heisst, man subventioniert diese aus allgemeinen Verbandsmitteln.

2.3.6.2 An Dritte, Klienten (Outputbereich)

Marktfähige Dienstleistungen werden von NPO je nach Politik auch an Nichtmitglieder, Dritte abgegeben. Meistens werden dafür Marktpreise, sicher aber höhere Preise als die Mitgliederpreise verlangt. Nimmt das Dienstleistungsgeschäft grössere Ausmasse an, werden solche Sparten oft von der NPO ausgegliedert in eigenständige Tochtergesellschaften in der

Rechtsform einer Aktiengesellschaft oder GmbH. Dafür sprechen neben der Marktorientierung auch steuerliche Erfordernisse und Vorschriften (Deutschland).

In karitativen Organisationen werden Dienstleistungen im grossen Stil ohne Entgelt für Bedürftige erbracht. Die Finanzierung erfolgt über Spendeneinnahmen, Subventionen und andere Zuschüsse.

Auf der Ebene des Marketing-Konzeptes sind die Grundsätze und Richtlinien für die Erfüllung der Marketing-Aufgaben festzulegen, für das Marketing insgesamt wie für die festgelegten Einsatzbereiche. Die konkreten Marketing-Aktivitäten sind anschliessend auf der Stufe der Planung zu konkretisieren.

2.4 Marketing-Management in der NPO 2: Marketing-Planung, Durchführung des Marketing-Planungsprozesses pro Einsatzbereich

Für die eigentliche Marketing-Planung arbeiten wir mit folgender Standard-Planungssequenz:

1. Marketing-Information;
2. Festlegen der Marketing-Ziele;
3. Festlegen der Marketing-Segmente;
4. Analyse des im zu bearbeitenden Planungsbereich relevanten Tauschvorganges mit den dazugehörenden Steuerungsmechanismen;
5. Positionierung des Leistungsangebotes, des Verhandlungsgegenstandes;
6. Festlegen des Marketing-Mix: Auswahl der Instrumente aus der Marketing-Instrumentenbatterie;
7. Festlegen der Marketing-Organisation;
8. Marketing-Budget;
9. Marketing-Kontrolle.

Alle diese Planungsschritte sind an die Gegebenheiten der jeweiligen NPO zu adaptieren. Die Segmentierungsproblematik stellt sich beispielsweise weit komplexer dar als für Unternehmungen. Im Rahmen unserer Modellbeschreibung muss auf weitere Details verzichtet werden.

Einige ergänzende Ausführungen zum **Marketing-Mix** drängen sich jedoch auf (*Abbildung 24*). Zu der in unserem Modell verwendeten **Marketing-Instrumentenbatterie** gehören einmal die vier klassischen Standardinstrumente (4 "P"):

- Produkt
- Preis
- Promotion (Werbung)
- "Place" (Distribution).

Abbildung 24: Komponenten des Marketing-Mix im NPO-Bereich

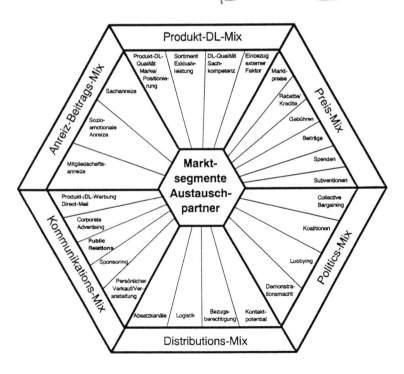

Diese Instrumente sind jedoch spezifisch für den Einsatz in der NPO anzupassen und teilweise stark zu modifizieren: Da wir in der NPO neben Marktpreisen weitere wichtige Finanzierungsmittel (Gebühren, Beiträge, Spenden) kennen, gewinnt die Preispolitik im Vergleich zum Business-Marketing einige zusätzliche Dimensionen. Auch das Instrument Kommunikation ist der Charakteristik der Nonprofit-Güter wesentlich anzupassen beziehungsweise erhält die Kommunikation in einzelnen Einsatzbereichen einen anderen, höheren Stellenwert als bloss denjenigen von "Werbung".

Neben diesen "klassischen" Marketing-Instrumenten umfasst unsere Marketing-Instrumentenbatterie zusätzlich:

- PR ("Public Relations")
- "Politics"
- Anreiz-Beitrags-Systeme.

Öffentlichkeitsarbeit (PR) hat für NPO einen viel höheren Stellenwert als für Unternehmungen. Die Instrumente Werbung und PR sind in ihrer Bedeutung für Unternehmung und NPO gerade umgekehrt proportional. Die Lösung von übergeordneten PR-Aufgaben wird beispielsweise von Unternehmungen an Verbände delegiert. Diese abgeleiteten Aufgaben sind ein wichtiger Grund für die Existenzberechtigung von NPO. Die im Unternehmungs-Marketing (zu Recht) angestrebte strikte Trennung zwischen Werbung (für Produkte) und PR (für Institutionen) ist im NPO-Bereich nicht erstrebenswert.

Das Instrument "Politics" weist darauf hin, dass NPO in politischen Systemen arbeiten und zu deren Beeinflussung **spezifische Beeinflussungsinstrumente** benötigen. Gerade die Beeinflussung der politischen Systeme ist für eine einzelne Organisation/Person nicht oder nur beschränkt möglich und wird deshalb an den Kooperationsbetrieb (NPO) delegiert.

Ergänzend ist darauf hinzuweisen, dass PR und "Politics" dann als Instrumente des Marketing-Mix zu betrachten sind, wenn sie als **flankierende Massnahmen** neben anderen Instrumenten eingesetzt werden. Daneben haben sie aber auch den Stellenwert eines eigenen Marketing-Einsatzbereiches, einer "selbständigen" Leistung der NPO.

Besondere Anreiz-Beitrags-Systeme werden zum Beispiel in den Bereichen Mitglieder-Marketing, Fundraising, Collective Bargaining eingesetzt. Das Anreiz-Beitrags-Prinzip gilt jedoch im Kern für alle Austauschbeziehungen.

Für jedes einzelne Instrument wurden von uns Einsatz-Checklisten entwickelt. Dabei mussten für einzelne Marketing-Teilbereiche (wie Fundraising, Gemeinschaftswerbung usw.) ergänzende Erkenntnisse erarbeitet werden, weil das im Profit-Marketing vorhandene Wissen für die Lösung der in der NPO-Praxis anstehenden Probleme nicht genügt.

2.5 Einbau des Marketing-/Leistungs-Konzeptes in das Freiburger NPO-Führungsinstrumentarium

Bisher haben wir Marketing als Teil unseres Freiburger Management-Modelles betrachtet und beschrieben. Abschliessend ist nun ein Teil des Marketing-Modelles, das Marketing-(Management-)Konzept noch aus einem anderen Blickwinkel zu betrachten. Das Marketing-Konzept ist – wie andere Konzepte (z.B. für Strukturen, Potentiale) auch – ein Element des **Führungsinstrumentariums** der NPO. Damit machen wir einen Vor-Griff auf das Kapitel *4 Management-System* (siehe unten). Dort werden wir zeigen, dass zur effizienten Erfüllung der Aufgaben "Führung/Management" in der NPO ein System von Führungsinstrumenten erarbeitet werden muss, insbesondere für die Zielsetzung, Planung und Kontrolle der gesamten NPO-Tätigkeit und -Entwicklung. Dieses Planungs-System ist in *Abbildung 46* dargestellt. Es umfasst drei Planungsstufen:

1) die **Grundsatz- und Strategieplanung** mit Leitbild, NPO-Politik und Konzepten;
2) die **operativ-mittelfristige** Planung von Programmen, Schwerpunkt-Aktionen;

3) die **dispositiv-kurzfristige Planung**, insbesondere auf Jahresebene.

Gemäss dieser Aufbau-Logik ist das Marketing-Konzept der Stufe der Grundsatzplanung zuzuordnen. Das Konzept ist jedoch bereits Ausfluss beziehungsweise Konkretisierung der übergeordneten Instrumente Leitbild, NPO-Politik (und allenfalls Strukturkonzept). In Abschnitt *2.2 Marketing-Philosophie* haben wir einige grundsätzliche NPO-politische Statements vorgestellt, die unmittelbar marketingrelevant sind, also Grundaussagen enthalten, welche als Vorgaben im Marketing-Konzept zu berücksichtigen beziehungsweise zu konkretisieren sind (z.B. bei der Positionierung, bei der Bestimmung von CI und COOPI).

Das Marketing-Konzept seinerseits ist dann – gemäss unserer Modell-Erläuterung in Abschnitt *2.4* – auf der operativen und der dispositiven Ebene in die konkrete **Marketing-Planung** umzusetzen. Der Stellenwert von Marketing-Konzept und Marketing-Planung ist ebenfalls aus *Abbildung 46* ersichtlich. Zudem fliessen – gemäss dieser Abbildung – auch immer wieder die in der vorgeschalteten Analysephase gewonnenen Informationen in die Erarbeitung von Konzept und Planung mit ein.

Damit soll die Beschreibung des Marketing-/Leistungs-Systems als Teil unseres Modelles abgeschlossen und mit der *Abbildung 25* eine zusammenfassende Übersicht gegeben werden.

Abbildung 25: Freiburger Marketing-Modell für NPO: Übersicht

1. GRUNDLAGEN FÜR DEN EINSATZ DES MARKETING IN NPO		
Austauschsysteme	**Steuerungsmechanismen**	**Marketing-Instrumentenbatterie**
Marktsysteme/Individualgüter	Marktpreise/Monopolpreise	CI 4 "P"
Marktsysteme/Dienstleistungen	Marktpreise/Monopolpreise	
Nicht-Marktsysteme	Verhandeln, abmachen	PR
Kommunikationssysteme	Sozialtechniken	
Politische Systeme	Plan/Wahl/politische Prozesse	
Karitative Systeme	Spenden/Zuteilen	COOPI Politics
Mitgliedschaft/Partizipation	Beitritt/Widerspruch/	Anreiz-Beiträge
	Abwanderung	

2. MARKETING: PHILOSOPHIE (Interpretationshilfen) UND MARKETING-LOGIK
- Die Marketingphilosophie als Ergänzung zur Partizipationsphilosophie - Von der Innenzentrierung zur Mitgliederorientierung (Bedürfnisorientierung) - Von der Dinstgesinnung zur Dienstleistungsorientierung - Die verbandliche Konzernorganisation als Promotor der Marketing-Logik - Marketinglogik: zur Marktanpassung gehört die Komponente der Marktgestaltung (Beeinflussung)

3. MARKETING(-MANAGEMENT)-KONZEPT
Gesamtpositionierung der Organisation: CI und COOPI Marketing-Einsatzbereiche:

Aussenbereich		**Innenbereich**		**Aussenbereich**
Inputbeziehungen			**Outputbeziehungen**	
Beschaffungs-Marketing Dritte, Umwelt		**Marketing in NPO** NPO-Mitglied		**Leistungsabgabe-Marketing** Dritte, Umwelt
CI/COOPI		CI		COOPI
Beschaffungs-Marketing		**NPO-Eigenmarketing**		**Interessen-vertretung**

- Mitglieder
- Finanzmittel
. Subventionen
. Fundraising
- Personal
- Kooperation/
  Einkauf
	- Information
	- Finanzmittel/
	  Beiträge
	- Mitarbeiter
	  Know-how
		- Internes Marketing
		- Mitgliederpflege,
		  Info
		- Marketing-Transfer
		  (mehrstufige NPO)
		- Koordinations-
		  leistungen
				- Collective Bargaining
				- Beziehungen zum
				  politischen System
				- Öffentlichkeitsarbeit
				  für NPO
				- Social Marketing für
				  "übergeordnete"
				  Ideen

				Marketing als Auf-tragsdurchführung

				- Cooperative
				  Communication
				  (Image)
				- Gemeinschafts-
				  werbung (Produkte)
				- Verbandsmarketing
				  (z.B. Messen)

		Dienstleistungs-Marketing Produkte-, Gütermarketing		
4. MARKETING-PLANUNG				

3. Potential-System 1: Das Betriebsmittel- und Kooperations-System

3.0 Grundlagen

Ausgangspunkt unserer Überlegungen ist wiederum die für das Marketing-System angewandte Gliederung der NPO beziehungsweise ihrer Austauschbeziehungen in Input-, Innen- und Outputbereich. In diesem Sinne geht es hier um die Potentiale, die im Input- oder Innenbereich zu beschaffen, in der Leistungserbringung und internen Administration einzusetzen (zu "gebrauchen") und zu verwalten sind.

Potentiale sind generell die Ressourcen, die Mittel (Instrumente), mit deren Hilfe die NPO-Aufgaben erfüllt werden. Da das gesamte Management-System eine zentrale Stellung bei den Potentialen einnimmt und ausführlich behandelt werden muss, ist ihm Kapitel *4* gewidmet (siehe unten).

Begrifflich ist der Anschluss an die Volkswirtschafts- und die Allgemeine Betriebswirtschaftslehre herzustellen. Diese sprechen primär von den **Produktionsfaktoren** und beschränken diesen Begriff auf diejenigen knappen Güter, die auf Märkten (im Inputbereich) beschafft werden müssen (Boden, Kapital, Arbeit, Unternehmerleistung). Diese Faktoren sind – wenn auch in unterschiedlichem Ausmass und zum Teil mit abgewandelten beziehungsweise erweiterten Inhalten – auch für die NPO relevant. Unser Potentialbegriff umfasst diese Produktionsfaktoren, geht aber über diese **beschafften** Potentiale hinaus und schliesst auch die von der NPO selber **geschaffenen** Potentiale wie das Management-System oder das Rechnungswesen mit ein. Zudem betrachten wir nun die Begriffe "Produktionsfaktoren" und "Betriebsmittel" in etwa als deckungsgleich. Die allgemeine Betriebswirtschaftslehre dagegen zählt zu den Betriebsmitteln nur die objektbezogenen Potentiale, das sogenannte Realkapital und damit die von uns als Sachmittel bezeichneten Potentiale (Anlagen, Maschinen, Geräte usw.). Somit gehören für uns insbesondere auch der Produktionsfaktor "Mensch" und die Finanzmittel zu den Betriebsmitteln. Auf die Sonderstellung der von der NPO eingegangenen Kooperationen (Aufgabenerfüllung in Zusammenarbeit mit anderen NPO) ist unten (Abschnitt *3.7*) näher einzugehen. Insgesamt behandeln wir in diesem Kapitel *3* den **Beschaffungs-Bereich** der NPO.

Eine weitere Abgrenzung hat schliesslich gegenüber dem Marketing-System zu erfolgen. Dort haben wir ja den Einsatzbereich "Beschaffungs-Marketing" umschrieben, also bereits einen Aspekt der Potential-Beschaffung, nämlich deren kommunikative Dimension, abgehandelt. Wir halten demnach fest, dass hier der materiell-inhaltliche Aspekt der Potentiale behandelt wird, während im Marketing nur ergänzend und überlappend der kommunikative "Marktauftritt" zur Debatte steht. Dies gilt etwa typisch für die Potentiale Mitglieder, Milizer, Mitarbeiter, teils auch für die Finanzmittel. Gerade bei den letzteren kann aber – wie etwa im Fundraising (Spendenbeschaffung) – die Kommunikation von so zentraler Bedeutung sein, dass praktisch der ganze Potential-Bereich sinnvollerweise im Marketing abgehandelt wird.

In *Abbildung 26* geben wir nochmals einen Überblick über die Komponenten/Elemente des Potential-Systems, ergänzt um die Zielsetzung, welche die NPO in den einzelnen Potential-Bereichen generell verfolgt.

Diese Zielformulierungen zeigen eine für den Beschaffungs-Bereich diametral dem Marketing-Bereich entgegengesetzte Problemstellung. Im Marketing gehen wir konsequent von einer Aussenorientierung aus und gestalten unsere Leistungen und die Kommunikation nach den Bedürfnissen, Erwartungen unserer Austauschpartner (Mitglieder, Klienten, Dritte). Anders nun bei der Potential-Beschaffung. Hier stellen wir die Frage: Welche Potentiale benötigen **wir** in welcher Quantität, Qualität und zeitlichen Dauer, um unsere Aufgaben erfüllen zu können? Wir definieren demnach **unsere** Erwartungen, **unseren** Bedarf (z.B. durch Anforderungsprofile für Milizer und Mitarbeiter) und suchen dann auf dem "Markt" die entsprechenden Potentiale. Erst dann, wenn wir mit unserem Bedarf auf die "Märkte" treten, kommt wieder die Marketing-Orientierung zum Tragen, weil wir nun wiederum die "Lieferanten" (von Potentialen) so "ansprechen" müssen, dass wir auf ihre Bedürfnisse und Erwartungen eingehen.

Abbildung 26: Elemente und Ziele des Potential-Systems

	Potentiale (Beschaffungs-Bereich)			
	Betriebsmittel			Kooperationen
	Human resources	Finanzmittel	Sachmittel	
Elemente	- Mitglieder - Milizer . in Organen . Freiwillige - Mitarbeiter	- Beiträge - Preise - Gebühren - Spenden - Subventionen	- Anlagen - Maschinen (Hardware) Material - Software - Administration	- Dach-/Spitzenverbände - Arbeitsgemeinschaften - Kooperative Betriebe
Ziele	Durch bedürfnisgerechte Anreize Menschen in der von den NPO benötigten Qualität und Quantität zur - Teilnahme ("Beitritt") - Mitwirkung in den festgelegten Aufgabenfeldern motivieren	Die für die "Entschädigung" der benötigten und eingesetzten Potentiale erforderlichen Geldmittel bei Mitgliedern und auf Märkten beschaffen und effizient verwalten.	Die für die Aufgabenerfüllung erforderlichen Realobjekte (Hard- und Software) kostengünstig beschaffen, effizient einsetzen und unterhalten.	In Zusammenarbeit mit anderen NPO gleiche Interessen und Teilaufgaben in gemeinsam getragenen Institutionen effektiver und effizienter bearbeiten.

In den folgenden Abschnitten werden die einzelnen Potentialbereiche in den Grundzügen beschrieben. Wir weisen jedoch darauf hin, dass wir uns auf die NPO-spezifischen Aspekte konzentrieren, also vor allem jene Betriebsmittel behandeln, die nicht auch in weitgehend gleichem Masse Gegenstand der Allgemeinen Betriebswirtschaftslehre sind (wie z.B. die Personalwirtschaftslehre).

3.1 Mitglieder

Im Kapitel *1* von Teil *I Grundlagen* haben wir zwischen Selbsthilfe-NPO und Fremdleistungs-NPO unterschieden, wobei bei der letzteren Gruppe sowohl mitgliedschaftliche wie Stiftungs-Strukturen möglich sind. Die folgenden Ausführungen behandeln somit dominant die Aspekte von Selbsthilfe-NPO mit der Rollenvielfalt ihrer Mitglieder. Die Themen "Beschaffung" und Einsatz von Mitgliedern gelten auch für mitgliedschaftliche Fremdleistungs-NPO, nicht jedoch die Aussagen über den gesamten Leistungs-Bereich mit den Mitgliedern als Adressaten. Hingegen sind wiederum die Überlegungen über die ehrenamtlich Tätigen und das Miliz-System für alle NPO gültig.

Wir gehen nun von den unterschiedlichen Rollen (Funktionen) aus, die Mitglieder in einer NPO wahrnehmen können beziehungsweise müssen, und stützen uns dabei auf die Rollengliederung von *Abbildung 27*. Zunächst werden diese Rollen kurz beschrieben. Anschliessend ist aufzuzeigen, welche Probleme sich bei der Motivation von Interessenten zur Übernahme von Rollen ergeben.

Abbildung 27: Die nutzenorientierten Fragen eines Interessenten vor dem Verbandsbeitritt (eine Illustration des Anreiz-Beitrags-Prinzips)

3.1.1 Beschreibung der Rollen

a) Mitglieder als Träger der NPO

Satzungen/Statuten von Selbsthilfe-NPO legen in der Regel präzise fest, wer als Mitglied aufgenommen werden kann. Die Mitgliederkategorien und Aufnahmebedingungen leiten sich aus dem Zweck der NPO ab. Eine volle Mitgliedschaft mit allen Rechten und Pflichten wird den **ordentlichen Mitgliedern** zuerkannt. Dies können Personen (z.B. in Gewerkschaften, Parteien) oder Organisationen (z.B. in Unternehmungs- oder Dachverbänden) sein, die primär die Rolle als **Träger der NPO** wahrnehmen. Sie bilden das oberste Macht- und Entscheidungszentrum und entscheiden direkt (in Vollversammlungen) oder indirekt (über Delegierten-/Abgeordneten-Versammlungen) über die grundsätzlichen Ziele, Aufgaben/Leistungen, Potentiale und Strukturen der NPO.

Bezüglich der Rekrutierung von Mitgliedern sind zwei gegensätzliche Strategien zu unterscheiden:

1) Bei **selektiver** Mitgliederaufnahme strebt die NPO den Status eines exklusiven "Clubs" an. Die qualitativen Anforderungen werden hoch angesetzt, eigentliche Eintrittsbarrieren sollen die Aufnahme von "Jedermann" verhindern.

2) Andere NPO streben einen grösstmöglichen **Organisationsgrad** innerhalb des definierten Rekrutierungsbereiches an, um für eine Gruppe möglichst repräsentativ und mit Macht auftreten zu können.

Demgegenüber eröffnen viele NPO auch weiteren Personen oder Organisationen die Möglichkeit einer eingeschränkten Mitgliedschaft, die hier als **ausserordentliche** bezeichnet werden soll. Diese Mitglieder haben meistens reduzierte Rechte und Pflichten. Sie sind an einzelnen NPO-Leistungen interessiert oder wollen die NPO fördern und unterstützen, ohne aber volle Mitwirkungsrechte wahrnehmen oder "ordentliche" Beiträge zahlen zu wollen.

Als Abgrenzung hierzu seien die **Nichtmitglieder** erwähnt. Dies sind Personen, Organisationen, Unternehmungen oder Haushalte, die vom Verbandszweck und der statutarischen Definition des Rekrutierungsbereiches her gesehen zwar Mitglieder sein könnten, die aber, aus welchem Grund auch immer, dem Verband nicht beitreten. Alle übrigen Wirtschaftssubjekte, die grundsätzlich nicht Verbandsmitglieder werden können, werden als **Dritte** bezeichnet. Sie können für die NPO als Zahler (Spender) oder Leistungsbezüger (von verkauften Dienstleistungen) von Bedeutung sein.

Bei mitgliedschaftlichen Fremdleistungs-NPO (z.B. Sozialverbänden) ist die Mitgliedschaft meist sehr offen definiert. Es sollen möglichst viele Personen (teils auch Organisationen) gewonnen werden, welche sich mit dem NPO-Zweck identifizieren können und diesen unterstützen wollen.

b) Mitglieder als Inputlieferanten

Durch ihren Beitritt zu einer NPO übernehmen die Mitglieder bestimmte Pflichten. Dazu gehört insbesondere die Entrichtung von **Mitgliederbeiträgen**. Auf deren mögliche Ausprägungsformen ist unter den Finanzmitteln zurückzukommen. Die zentrale Stellung dieser Inputleistung wird dadurch dokumentiert, dass deren Nichtbezahlung trotz wiederholten Mahnens als Ausschlussgrund gilt.

Viele, wenn nicht die meisten NPO erwarten jedoch von ihren Mitgliedern auch eine mehr oder weniger intensive **Mitwirkung beziehungsweise Mitarbeit**. Denken wir zum Beispiel an die Sport- und Freizeitvereine, die ihren Zweck ja nur dann erfüllen, wenn einige bis viele Mitglieder bei den Veranstaltungen mitmachen. Oder an Wirtschaftsverbände, die eine Teilnahme ihrer Mitglieder an Versammlungen oder die Übernahme von Ehren-/Milizämtern erwarten. Aber auch an Karitativ-Organisationen, die (noch) intensiv auf die ehrenamtliche Mitarbeit ihrer Mitglieder als Helferinnen und Helfer bauen.

In Wirtschaftsverbänden schliesslich haben Mitgliedsunternehmen oft auch die Pflicht, bestimmte Informationen aus ihren Betrieben zu liefern, die der Verband für die Erfüllung bestimmter Aufgaben benötigt (z.B. Erarbeiten einer Branchenstatistik).

c) Mitglieder als Normenvollzieher

Die Mitgliedschaft kann auch die Pflicht zur Einhaltung bestimmter, von der NPO als verbindlich festgelegten oder mit anderen Organisationen ausgehandelten Normen umfassen: Unternehmen haben die in Tarifverträgen vereinbarten Leistungen zu erbringen, Ärzte, Anwälte und andere Selbständigerwerbende sind zur Einhaltung von Standesregeln verpflichtet, von Kirchenmitgliedern könnten bestimmte ethisch-moralische Verhaltensweisen erwartet werden usw. Nicht selten sind solche Normen durch Sanktionen geschützt. Wer sie nicht einhält, kann bestraft werden, zum Beispiel durch Bussen oder Ausschluss.

d) Mitglieder als Bezüger von Dienstleistungen

NPO erfüllen ihren Zweck durch Erbringen von Leistungen. Das Typische der Selbsthilfe-NPO ist die Identität zwischen Mitgliedern und Kunden/Leistungsbezügern. Die NPO "leistet" an ihre Mitglieder: Der Alpenclub organisiert Bergtouren für seine Mitglieder, der Wirtschaftsverband ist als (teils) umfassender Dienstleister in den Bereichen Information, Beratung, Schulung gegenüber seinen Mitgliedern tätig usw. Nur in Ausnahmefällen besteht aber für die Mitglieder ein Abnahmezwang, in der Regel entscheiden sie freiwillig über die Leistungsbeanspruchung, wodurch das Element des Marktes in die NPO hineingetragen wird.

e) Mitglieder als Betroffene von Kollektivgütern

Neben den individuellen Dienstleistungen produzieren die meisten NPO, speziell durch ihre Leistung "Interessenvertretung", auch Kollektivgüter. Mit ihren Aktivitäten und Aktionen will die NPO bestimmte Dritt-Adressaten zu einem Verhalten beeinflussen, das entweder ihren Mitgliedern "zugute" kommt oder zur Verwirklichung des NPO-Zweckes dient. Je heterogener die Bedürfnisse und Interessen der Mitglieder sind, desto weniger kann jedes Mitglied die Gewähr haben, dass gerade seine "Präferenzen" und nicht die anderer Mitgliedergruppen vertreten werden. Daher kann das Mitglied durch das von der NPO produzierte Kollektivgut sowohl positiv wie negativ betroffen sein.

3.1.2 Motivation zur Rollenübernahme

Die Mitgliedschaft in NPO ist freiwillig (Wirtschaftsverband) oder Pflicht (Kammer). Für NPO mit gesetzlich geregelter Pflichtmitgliedschaft entfällt das Problem der Mitgliederrekrutierung, welches für freiwillige Vereinigungen von entscheidender Bedeutung ist. Aber auch "Pflichtverbände" kommen auf die Dauer nicht um die Befriedigung der Bedürfnisse ihrer Mitglieder und das Schaffen von Akzeptanz und sogar Identifikation herum, da auch sie Inputs von Mitgliederseite zu ihrem Funktionieren bedürfen.

Somit liegt das Problem bei allen NPO gleich: Es gilt, hinreichend attraktive **Anreize** zu schaffen, damit potentielle Mitglieder den Verbandsbeitritt "wagen" und im Verband bleiben oder Interessenten zur Übernahme von Milizämtern bewegt werden können. Mit diesem Gedanken greifen wir auf die zu Beginn von Teil *III* vorgestellte **Anreiz-Beitrags-Theorie** zurück, welche in *Abbildung 27* am Beispiel des Wirtschaftsverbandes illustriert wird: NPO müssen "etwas" bieten, das von den Adressaten als Anreiz empfunden wird und sie dazu veranlasst, die in der NPO zu erfüllenden Rollen zu übernehmen und möglichst intensiv wahrzunehmen (also "Beiträge" im weitesten Sinne zu leisten). Die NPO hat davon auszugehen, dass Interessenten, Nichtmitglieder oder Mitglieder **Kosten-Nutzen-Überlegungen** anstellen, also die von der NPO angebotenen Anreize gegen die von ihnen zu erbringenden Leistungen aufwiegen und nur bei einem als positiv bewerteten Nutzensaldo die Beiträge auch zu erbringen gewillt sind.

Dieses Problem der Motivation zur Rollenübernahme ist auf zwei Ebenen anzugehen:

1) durch bedürfnis-, interessen-, erwartungsgerechte Gestaltung der Anreizinhalte;

2) durch "Verkaufen" dieser positiven Anreize bei Interessenten und Mitgliedern mittels wirksamer Kommunikations-/Werbemethoden und weiteren Marketing-Instrumenten.

Zum einen haben wir uns demnach der Instrumente des **Marketing** zu bedienen (z.B. Anbieten attraktiver Dienstleistungen, Mitgliederwerbung). Zum anderen werden Anreize durch "interne" Gestaltungsmassnahmen (z.B.

Ziele, Strukturen, Verfahren, NPO-Kultur) geschaffen, die dann wiederum werbemässig nach "aussen" als positiv zu kommunizieren sind. *Abbildung 28* zeigt den Zusammenhang zwischen Motivation und Mitgliedern und der entsprechenden Anreizgestaltung auf.

In diesem Zusammenhang ist auf das sogenannte **Olson-Theorem** hinzuweisen. Olson thematisierte das Anreiz-Beitrags-Problem im Zusammenhang mit dem Trittbrettfahren ("free-rider") von Nichtmitgliedern. Diese überlassen das Beitragszahlen und damit das Finanzieren von Kollektivgütern den "dummen" Mitgliedern. Denn sie, die Nichtmitglieder, profitieren ja genau gleich wie die Mitglieder von den von der NPO erwirkten Kollektivgütern. Diese sind gerade dadurch definiert, dass die Nichtzahler nicht von ihrem Genuss ausgeschlossen werden können. Die Solidarität als Beitrittsmotiv wertet Olson als gering. NPO, die mit einer hohen Zahl von Trittbrettfahrern konfrontiert sind (z.B. Gewerkschaften, Konsumenten-Organisationen) müssen Solidaritätsappelle vergessen (weil wirkungslos) und versuchen, die Nichtmitglieder durch **selektive Anreize** in den Verband zu "locken". Selektive Anreize sind Individualleistungen mit Monopolcharakter, welche für die (Nicht-)Mitglieder hochattraktiv oder gar unerlässlich sind, die aber nur über die Mitgliedschaft (Beitritt und Beitragszahlung) erhältlich sind.

Dieser "Mechanismus" von Olson, auch wenn er in seiner Härte und Konsequenz in der Realität nicht durchwegs auftritt, ist eine ständige Mahnung an alle NPO, ihrem Handeln das Anreiz-Beitrags-Denken permanent zugrundezulegen.

3.2   Milizer (Ehrenamt)

Von Milizarbeit sprechen wir, wenn Frauen und Männer, seien sie nun Mitglieder oder nicht, sich freiwillig für die Mitwirkung bei der Erfüllung der NPO-Aufgaben zur Verfügung stellen. Zu unterscheiden ist eine Freiwilligenarbeit in Sozialinstitutionen – wo Milizerinnen und Milizer als Helferinnen und Helfer (häufig als "Freiwillige" bezeichnet) tätig sind und diesen

Abbildung 28: Zusammenhänge zwischen Motiven, Mitgliedertypen und Anreizen

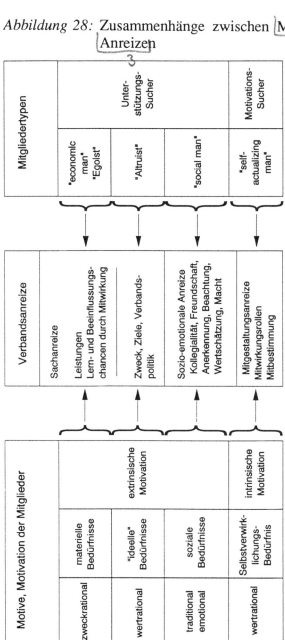

Dienst am Mitmenschen im Interesse der NPO ehrenamtlich leisten – von einer Milizfunktion in Führungs- und Aufsichtsorganen. Diese Tätigkeit in Organen, Kommissionen, Ausschüssen und Arbeitsgruppen stellt das eigentliche NPO-Typische dar und ist Gegenstand der folgenden Ausführungen. Alle diese Gremien, in denen Mitglieder oder Dritte ehrenamtliche Führungs- und Beratungsaufgaben wahrnehmen, fassen wir unter dem Begriff "Milizsystem" zusammen.

3.2.1 Charakteristische Merkmale des Milizbegriffes

Der Milizbegriff ist idealtypisch durch einige charakteristische Merkmale zu umschreiben:

a) Milizfunktionen werden **freiwillig** übernommen und ausgeübt.

b) Sie werden **ehrenamtlich** und **grundsätzlich ohne finanzielle Entschädigung** oder Vorteile wahrgenommen.

c) Die Milizarbeit verlangt vom Milizer ein **neben- oder ausserberufliches Engagement**, für welches er in der Regel weder über umfassende Sachkenntnis noch über langjährige Erfahrung verfügt.

d) Demzufolge können Milizer im eigentlichen Sinn des Wortes als **Amateure** (nicht Dilettanten) bezeichnet werden. Sie opfern Freizeit für etwas, das sie gerne tun. Sie sind in ihrer Beschränkung bezüglich Zeit, Information und Sachverstand jedoch denjenigen gegenüber benachteiligt, die in der gleichen NPO als Angestellte, Mitarbeiter, Geschäftsführer ihrer hauptamtlichen Tätigkeit nachgehen (von uns auch als "Profis" bezeichnet). Dabei ist die Bezeichnung der Milizer als Amateure richtig zu verstehen. Die Beschränkung ihres Sachverstandes ist auf die in der NPO zu erbringenden Leistungen, dort zu lösenden Problemen zu beziehen. So haben zum Beispiel ein Landwirt oder eine Juristin hohen Sachverstand in ihrem Beruf, aber in ihrem Berufsverband müssen sie nun mitreden über die Gestaltung eines Ausbildungslehrganges (pädagogisches Know-how) oder einer Verbandszeitschrift (journalistisches Know-how). Der Status des Milizers als Amateur ist deshalb um so geringer, je deckungsgleicher sein Berufs-Know-how mit den in der NPO zu lösenden Problemen ist. Darauf ist unten in Abschnitt *3.2.3* bei den Abweichungen vom Idealtyp "Milizer" kurz einzugehen.

e) Milizern fehlt oft die **NPO-spezifische Führungsmethodik und -erfahrung**. Auch wenn sie in ihrer hauptamtlichen Tätigkeit eine Führungsposition innehaben, werden sie feststellen müssen, dass demokratische Strukturen, kollegiale Organe, partizipationsorientierte Mitarbeiterinnen und Mitarbeiter sowie das organisationsinterne Streben nach Repräsentativität und Akzeptanz in der Meinungsbildung und Entscheidungsfindung eine Anpassung der Führungsmethoden profitorientierter Unternehmen bedingen.

f) In mitgliedschaftlich organisierten NPO werden die Milizer von den Mitgliedern meistens aus ihrem eigenen Kreis in **ihre Ämter gewählt**. NPO ohne Mitglieder (Stiftungen) gehen den Weg der **Berufung** oder Kooptation, um die Reihen ihrer Organe aufzufüllen.

3.2.2 Gestaltung effizienter, attraktiver Milizarbeit

Für die Gestaltung und Organisation der Milizarbeit haben wir erneut von unserem Anreiz-Beitrags-Modell auszugehen. Für uns stellt sich die Frage, welche **Anreize** die Milizerinnen und Milizer veranlassen, einen oft nicht bescheidenen **Beitrag** an Zeit, Sachverstand und Information in die Führung der NPO einzubringen. Oder umgekehrt formuliert, wie muss ich ein Milizamt gestalten, um sowohl den Anforderungen einer effizienten NPO-Führung als auch einer attraktiven Milizarbeit zu genügen?

Ein attraktives **Milizamt muss sich** – abgesehen von den NPO-Zielen – **an den Bedürfnissen der Milizerinnen und Milizer ausrichten**. Grundsätzlich ist von einer Bedürfnis- und Motivstruktur auszugehen, wie sie auch einer motivationsorientierten Mitarbeiterführung zugrunde liegt (siehe *Abbildung 38*). Neben dem Bedürfnis, "wohltätig" zu sein, spielen Elemente der Selbstverwirklichung, der sozialen Aufgehobenheit, aber auch des Prestiges und der Macht eine "bewegende" Rolle. Auch hier gilt, was später über die sogenannte "situative Führung" ausgeführt wird: Die Motivstrukturen von Milizern sind unterschiedlich, deshalb haben unsere Anreize auch differenziert zu sein und den unterschiedlichen Typen - etwa dem dynamischen "Macher" oder dem passiven "Beisitzer" – Rechnung zu tragen. Was etwa vom Typ des Machers als Anreize und damit als attraktive Milizarbeit erwartet wird, zeigt *Abbildung 29*. Diese Checkliste gibt uns gleichzeitig eine Anweisung zur motivierenden Gestaltung von Milizarbeit. Flankierende Massnahmen sind zudem, dass bei der Besetzung eines Amtes darauf geachtet wird, die **Ämterkumulation** und damit eine **Arbeitsüberlastung** zu vermeiden, dass die **Amtszeit beschränkt** wird, um Abnützungserscheinungen vorzubeugen, und dass der Führungsnachwuchs mittels **Ämterrotation** systematisch zu Generalisten aufgebaut wird.

Abbildung 29: Faktoren der Attraktivität von Ämtern

Checkliste: Attraktive Ämtergestaltung

Ein Milizamt ist für den Mitgliedertyp des "Machers, Gestalters" dann attraktiv, wenn:

1. vorwiegend andere "gute" Leute in den Ämtern sitzen;

2. die zeitliche Belastung durch die Verbandsarbeit sich in Grenzen hält (und nicht andere, dem Amtsinhaber wichtige Tätigkeitsfelder zu stark beeinträchtigt);

3. das Amt mit "interessanten" Aufgaben ausgestattet ist, also etwa noch echte Probleme zu bearbeiten sind und es auf den intellektuellen Beitrag des einzelnen ankommt;

4. das Amt über Kompetenzen verfügt, also eine Entscheidungs- und Beeinflussungsmacht enthält;

5. an den Sitzungen tatsächlich Willensbildung und Entscheidungsfindung betrieben, also geführt wird (und nicht bloss zu genehmigen ist, was andere bis ins Detail vorgekaut und vorgespurt haben);

6. das Amt beziehungsweise das Organ über jene Führungsinstrumente verfügt, welche ein zielorientiertes Management, also befriedigende Milizarbeit mit optimaler Steuerung der Geschäftsführung ermöglichen;

7. der Milizer durch sein Amt auch über den Verband hinaus bekannt wird, Beziehungen aufbauen und pflegen kann, somit Prestige und Ansehen geniesst;

8. die sozialen Beziehungen in den Organen und Gruppen positiv, konfliktfrei und freundschaftlich sind.

Alle diese Eigenschaften und Erfordernisse stellen **hohe Anforderungen an das Auswahlverfahren**. Als wichtigster Grundsatz kann festgehalten werden, dass im Sinne einer "Bestauslese" dem Sachverstand der Kandidaten und der zeitlichen Verfügbarkeit der Vorrang gegeben wird, insbesondere vor dem Kriterium der Repräsentativität ("alle Kreise der NPO müssen im Gremium vertreten sein"), welches oft zu zufälligen und "second-best"-Besetzungen führt. In zunehmendem Masse werden deshalb auch für Milizämter präzise **Anforderungsprofile** formuliert, um die Wahlverfahren rational zu gestalten und die Auswahl der Kandidaten zu versachlichen.

3.2.3 Abweichungen vom Idealtyp des Milizers

Neben den oben beschriebenen "typischen" Milizern sind auch abweichende Charakteristika in der Praxis feststellbar. Dies betrifft zunächst die **Ehrenamtlichkeit**. Sie beinhaltet, dass auf jegliche finanzielle Entschädigung verzichtet wird. Unentgeltlichkeit wird jedoch in vielen NPO im allgemeinen und in Wirtschaftsverbänden im besonderen zunehmend ersetzt durch lohnähnliche Entgelte bis hin zu eigentlichen Lohnausfall-Entschädigungen. Mit der Ersetzung oder der Ergänzung altruistischer Motive durch materielle Anreize wird auf den gesellschaftlichen Trend der abnehmenden Bereitschaft zur Wahrnehmung von unbezahlten Milizämtern reagiert. Eine Entgeltung erlaubt aber auch die Forderung nach einer effizienten und qualitativ hochstehenden Leistung der Amtsinhaber.

Auch beim **Sachverstand** sind Abweichungen vom typischen Milizbild festzustellen. Vollamtlich Tätige einer ähnlichen oder gar der eigenen Organisation (Angestellte von Untereinheiten der NPO wie etwa vollamtliche Sekretäre von Sektionen und regional-dezentralen Gruppierungen), die in Organe der (zentralen) NPO gewählt oder delegiert werden, bringen einen durchaus professionellen Sachverstand in die Milizarbeit ein.

Schliesslich weisen auch jene Milizer auf eine zunehmende Professionalisierung der Milizarbeit hin, die zunächst Milizämter im eigentliche Sinne der Nebenamtlichkeit und Unentgeltlichkeit übernahmen, später aber ihre ursprüngliche Tätigkeit aufgaben, um **voll- oder hauptamtlich ihre Miliztä-**

tigkeit auszuüben und dafür auch ein mit einem Profi vergleichbares Gehalt zu beziehen. Profis sind diese Leute, weil das Milizamt zum vollen oder hauptsächlichen Gelderwerb geworden ist, Milizer bleiben sie, weil sie aus einem anderen Beruf stammen als dem, den sie nun in der NPO ausüben und regelmässig wiedergewählt werden müssen beziehungsweise der Amtszeitbeschränkung unterliegen.

3.2.4 "Professionalisierung" der Miliz-Führungsarbeit

Wenn wir die Forderung nach einer "Professionalisierung" der Milizarbeit stellen, so meinen wir damit nicht, dass die Milizer nun zu Profis werden, also gleichviel Wissen, Informationen und Detailkenntnisse wie die Profis haben sollen. Die genannte Beschränkung bezüglich Zeit und Informationen und je nach Beruf auch mehr oder weniger des Sachverstandes bleibt bestehen. Demnach hat sich die "Professionalisierung" auf die Ausübung der Miliz-**Führungsaufgaben** zu beziehen und nicht auf das Sach- und Fach-Know-how. Ziel muss es sein, dass die Milizer ihre beschränkte Kapazität so nutzen, dass ihnen eine effektive "politische" Lenkung und Steuerung der NPO und der Profis tatsächlich gelingt. Dazu ist es erforderlich:

1) jene Instrumente und Methoden zu erarbeiten, welche als "miliztaugliche Werkzeuge" die Grundlage für eine effiziente Milizarbeit bilden;

2) die Milizer zu befähigen, diese Werkzeuge auch zu kennen und zu handhaben, also effiziente Milizarbeit zu leisten.

Was unter effizienter Milizarbeit zu verstehen ist, hat die Checkliste von *Abbildung 29* im Grundsätzlichen aufgezeigt. In Ergänzung dazu sind weitere, präzisierende Anforderungen zu formulieren, die dadurch verständlich werden, wenn wir zunächst von den häufig anzutreffenden Defiziten in der Milizarbeit ausgehen:

1) Milizer tun (oft) das Falsche. Sie kümmern sich um Details, mischen sich dabei in die Geschäftsführung ein und vernachlässigen die Auseinandersetzung mit Grundsatz- und Zukunftsfragen. Diese Detailorientierung hängt unmittelbar mit dem folgenden Problem zusammen.

2) In NPO ist festzustellen, dass die "oben" über das entscheiden, was die "unten" als Anträge vorbereitet haben. Dieses Spannungsfeld zwischen Entscheidungsvorbereiter und Entscheider, bekannt als **Stab-Linien**-Problem, akzentuiert sich besonders an der "Trennlinie" zwischen dem Miliz-Führungsorgan (Vorstand) und der Geschäftsführung. Je "vollkommener" die Profis ihre Anträge ausgearbeitet haben ("completed staffwork"), desto mehr haben sie in der Vor-Arbeit zwangsläufig wichtige Vor-Entscheide getroffen und damit die Entscheidungsinhalte weitgehend vorgeprägt. Das Milizorgan kann dann nur noch genehmigen oder verwerfen, aber kaum mehr die Inhalte substantiell mitprägen. Es weicht auf die Diskussion von Details aus.

3) Damit zusammen hängt die Tendenz der Profis, ihren strukturell bedingten Informationsvorsprung durch selektive Informationsweitergabe ("gate-keeping") zur Absicherung ihrer Machtposition auszubauen. Dieses Informationsdefizit verunmöglicht es den Milizern, bei vielen Geschäften substantiell mitreden zu können.

4) Spüren die Milizorgane dieses Macht-Ungleichgewicht und kommen sie sich auf die Dauer manipuliert vor, so greifen sie zur Strategie der Entmachtung der Profis, nehmen möglichst viele Kompetenzen aus der Geschäftsführung weg in ihren eigenen Entscheidungsbereich, überfordern sich dabei und lähmen die operative Tätigkeit in der Geschäftsstelle.

Es besteht nun kein Zweifel, dass solche Zustände und Macht-Ungleichgewichte zu Spannungen, Konflikten, Unsicherheiten und Ineffizienzen führen. Gehen wir davon aus, dass Milizorgan und Geschäftsführung eine grundsätzlich unteilbare Verantwortung für die Führung der NPO insgesamt wahrzunehmen haben, dann müssen professionellere Lösungen für das Zusammenwirken dieser zwei Elemente gefunden werden.

Folgende **Zielsetzungen** sind anzustreben und zu realisieren:

1) wirkungsvollere Nutzung der beschränkten Kapazität (Zeit, Sachverstand, Informationen) der Milizer;

2) "gleichgewichtiges" Zusammenwirken von Milizern und Profis, Abbau der Profidominanz, Schaffung von Gegenmacht statt Entmachtung;

3) Beschränkung der Milizer auf das "Wesentliche". Wesentliches sind Ziele, Pläne, Grundsätze → Vorgaben, "Rahmen"-Entscheide plus Kontrolle der Ausführung und damit eine Steuerung der Profis;

4) partizipatives Erarbeiten der Grundsätze, Schwerpunkte → "politischer Gehalt" durch Milizer mitbestimmt;

5) gemeinsame Wahrnehmung der "unteilbaren Führungs-/Problemlösungs-Verantwortung" für die NPO insgesamt.

Mit welchen Instrumenten und Methoden diese Ziele erreicht werden können, ist in Kapitel *4* im Rahmen des Management-Systems aufzuzeigen.

3.3   Personal

3.3.1   Personalwirtschaftliche Aufgaben (Personalmanagement)

Viele kleinere NPO (z.B. Freizeitvereine) erfüllen ihre Aufgaben ausschliesslich durch Milizarbeit. Bei grösseren NPO mit umfassenderen und vielfältigen Aufgaben stösst jedoch die Milizarbeit bald einmal an Grenzen und es müssen Mitarbeiter zur Unterstützung angestellt werden. Die NPO wird zum Arbeitgeber und muss personalwirtschaftliche Aufgaben wahrnehmen, die üblicherweise wie folgt gegliedert werden:

1) **Personalbeschaffung und -freistellung:**

Aufgrund von Stellenbeschreibungen, Anforderungsprofilen und Personalbedarfsplanung werden die Mitarbeiter in der erforderlichen Qualität und Quantität teils betriebsintern, teils auf dem Arbeitsmarkt rekrutiert. Dabei wirken die kommunikativen Instrumente des **Personalmarketing** unterstützend mit. Der Beschaffungsprozess endet mit der Auswahl der geeigneten Kandidaten und deren Einführung in ihr Arbeitsfeld. Zum gleichen Problemkomplex zählen wir alle Fragen und Probleme von Personalabbau, Kündigungen usw.

2) Personalerhaltung: Gestaltung der Anstellungsbedingungen, Leistungsstimulation:

Hierzu gehört die Festlegung aller "Rechte und Pflichten" der Mitarbeiter, über die Entlohnung und Arbeitszeit, zur sozialen Sicherheit, mit Ferien, Feiertagen, aber auch Schweigepflichten, Konkurrenzverboten usw. Grössere NPO verfassen dazu Personalreglemente, welche integrierende Bestandteile von Arbeitsverträgen sind. Insgesamt fallen alle monetären und nicht-monetären Anreize unter die Personalerhaltung, welche einen Motivations-/Stimulationseffekt (positiv oder negativ) auslösen, aber nicht dem eigentlichen Personaleinsatz und der Führung zuzurechnen sind (siehe unten).

3) Personalentwicklung:

Diese Aufgabe umfasst alle Massnahmen der Aus- und Weiterbildung des Personals, einerseits durch betriebsinterne oder externe Schulungsmassnahmen, andererseits durch arbeitsorganisatorische Massnahmen wie "job-rotation", "training on the job" und andere mehr.

4) Personalverwaltung:

Wie jedes Betriebsmittel muss auch das Personal "verwaltet" werden. Damit sind alle mit dem Personalwesen verbundenen administrativen Arbeiten gemeint (Führen von Personalakten, Gehaltsabrechnung, Sozialleistungen, Verträge usw).

5) Personalinformation:

Darunter fallen nicht jene Informationen, welche die Mitarbeiter unmittelbar im Zusammenhang mit der Erfüllung ihrer Aufgaben benötigen. Es geht vielmehr um "Hintergrund"-Informationen über die Tätigkeiten und Bestrebungen der NPO insgesamt. Die Mitarbeiter sollen über den allgemeinen Geschäftsgang informiert sein, damit sie Zusammenhänge und Beweggründe verstehen und sich so intensiver mit ihrem "Betrieb" identifizieren können. Dazu gehören selbstverständlich und in erster Linie alle Informationen, welche die Aufgaben des Personalmanagements betreffen.

Vielfach werden zudem der **Personaleinsatz** und die **Personalführung** als Teile des Personalmanagements betrachtet. Gemäss unserem Konzept sind diese Themenbereiche jedoch wie angetönt im Management-System (Kapitel 4) unter "Organisation" und "Führung" abzuhandeln. Hier sei in diesem Zusammenhang lediglich darauf hingewiesen, dass Entscheidungsprozesse in personalwirtschaftlichen Fragen (z.B. für die Anstellung von Geschäftsführern und Abteilungsleitern, Festlegung von Anstellungsbedingungen) durch die NPO-typischen Strukturen und Kompetenzzuordnungen (z.B. an Milizorgane) komplexer werden, oft länger dauern und sehr oft durch "NPO-politische" Effekte geprägt sind.

Personalwirtschaftliche Aufgaben sind **arbeitsteilig** zu erfüllen, im Zusammenwirken zwischen den Linienvorgesetzten und der für Personalfragen zuständigen Stelle (z.B. Personalassistenten, Personalabteilung). Es ist wichtig, dass die wesentlichen Personalentscheide (z.B. Auswahl, Weiterbildung, Freistellung) von der **Linie** getroffen werden. Die spezialisierte Personalstelle hat deshalb in vielen Bereichen ausschliesslich Unterstützungs- und Dienstleistungsfunktionen für die Linie zu erfüllen. Zur Gestaltung der Prozesse/Abläufe (z.B. Ausschreibung, Anstellungsverfahren, Gewähren von ausserordentlichem Urlaub) hat diese Personalstelle oft ein **funktionales Weisungsrecht** gegenüber der Linie, damit diese Abläufe nach einheitlichen Regeln durchgezogen werden.

Diese wenigen grundsätzlichen Aussagen zum Personalmanagement sollen hier genügen. Es handelt sich dabei um ein Themenfeld, das weitgehend **nicht NPO-typisch** ist, so dass auf die allgemeine Personalwirtschaftslehre verwiesen werden kann. Hingegen ist – wiederum im Sinne des NPO-Typischen – näher auf die vom Personal gebildeten NPO-Betriebe (Geschäftsbetriebe) sowie die Rollen und Funktionen der NPO-Geschäftsführung einzugehen.

3.3.2   Aufgaben des NPO-Geschäftsbetriebes

Die vom Personal im NPO-Geschäftsbetrieb zu erfüllenden Aufgaben sind vielfältig. Der Betrieb ist:

a) **Stabsstelle** für Organe und Ausschüsse/Kommissionen:

- Als Stabsstelle obliegt dem Geschäftsbetrieb eine Mitverantwortung für die In-Gang-Setzung und den Vollzug von **Problemlösungsprozessen.** Der vollamtliche Mitarbeiterstab muss fähig sein, Probleme früh zu erkennen, Initiative zur Prozesseinleitung zu ergreifen sowie die Generierung von Lösungsalternativen in die Wege zu leiten und nach Möglichkeit zu unterstützen.

- Durch präzise, knappe und fachkundige Entscheidungsgrundlagen zuhanden der zuständigen Milizorgane **bereitet** die Geschäftsstelle **Entscheidungen vor.**

- Die Tätigkeiten und Beschlüsse einer Vielzahl von Organen, Ausschüssen, Arbeitsgruppen usw. auf eine einheitliche Verbandspolitik auszurichten, ist die **Koordinationsaufgabe** des Geschäftsbetriebes.

- Des weiteren nimmt die Stabsstelle eine **Betreuungsfunktion** wahr, worunter der gesamte Aufwand für Organisation, Planung, Durchführung und Auswertung der Sitzungen und Versammlungen zusammengefasst wird.

b) **Vollzugsorgan** für Organ-Beschlüsse:

Die Realisation von NPO-intern oder -extern wirksamen Entscheiden ist, im Rahmen festgelegter Delegationsbereiche, Aufgabe des Geschäftsbetriebes. Dazu kann er sich allenfalls auf die Zusammenarbeit mit speziell für den Vollzug eingesetzten Ausschüssen, mit beauftragten Milizern oder mit einer externen Beratung abstützen.

c) **Dienstleistungsbetrieb** für Mitglieder oder für Dritte:

In diesem Aufgabenbereich kommt der typische Charakter des NPO-Geschäftsbetriebes zum Tragen. NPO sind ja dominant Dienstleistungsorganisationen, und die konkrete Erbringung und Realisierung von Information, Beratung, Schulung usw. erfolgt weitgehend durch die spezialisierten und qualifizierten Mitarbeiter.

111

d) **Verwaltungsstelle:**

Der Geschäftsbetrieb ist zuständig für die gesamte NPO-Verwaltung, wozu etwa verallgemeinert alle übrigen Verbandsaufgaben gehören (Finanz- und Rechnungswesen, Sekretariat, Mitglieder- und Personalverwaltung, Vorbereitung der Reglements- und Statutenrevision, Organisation, Planung, Berichterstattung).

3.3.3   Geschäftsführer von NPO

Die Vielzahl und Vielfalt der Aufgaben der Geschäftsstelle machen deutlich, dass für deren Führung nur ein erfolgs-, zukunfts- und effizienzorientierter **Nonprofit-Manager** in Frage kommt. Ungeachtet des Geschlechts braucht es:

a) den **Macher-Typ**, der Initiative entfalten kann, der Management-Methoden einsetzt, Risiko bei Innovationen trägt, finanzwirtschaftlich denkt und Durchsetzungskraft entfaltet;

b) einen **Menschenführer**, der durch persönliche und fachliche Autorität die Mitarbeiterinnen und Mitarbeiter, die Milizerinnen und Milizer sowie die Mitglieder gleichermassen motivieren und überzeugen kann; eine Führungspersönlichkeit, für die Delegation, Partizipation und Teamarbeit wichtiger sind als Hierarchiedenken und die befähigt ist, Strukturen und Prozesse zufriedenheitsorientiert zu gestalten;

c) einen **hauptverantwortlichen Problemlöser**, der durch strategischen Weitblick Probleme früh erkennt, Lösungsprozesse initiiert und effizient gestaltet sowie die Letztverantwortung für die Problemlösung mitträgt;

d) eine konsequente **Marketing-Orientierung**, wie wir sie in Kapitel *2 Marketing-/Leistungs-System* umschrieben haben. Dazu muss der Geschäftsführer auch **Kommunikationsspezialist** sein, der die Vielfalt der Kommunikationstechniken (Schreiben, Reden, Verhandeln, PR-Arbeit betreiben, Visualisieren) beherrscht.

Während in erwerbswirtschaftlichen Unternehmungen die Geschäftsführer/ Direktoren als eigentliche Top-Manager amtieren und die Letztverantwortung für ihre Führungsentscheide tragen, ist in NPO – wie oben bereits dargestellt – von einer **gemeinsamen Oberverantwortung** von Miliz-Führungsorgan und Geschäftsführung auszugehen. Hinzu kommt, dass die übergeordneten Grundsatzentscheide sogar dem Trägerorgan (Mitglieder-/Delegierten-/Stiftungsversammlung) vorbehalten bleiben, so dass die Top-Management-Verantwortung letztlich auf mehrere Hierarchieebenen verteilt ist. In diesem Kontext ist das Anforderungsprofil für NPO-Geschäftsführer zu verstehen.

3.4 Finanzen

3.4.1 Überblick

Die Probleme der Finanzierung haben in den letzten Jahren in den NPO stark an Bedeutung gewonnen. Mitglieder von Verbänden/Vereinen stellen zunehmend Kosten-Nutzen-Überlegungen an und sind selten bereit, substantielle Beitragserhöhungen auf sich zu nehmen. Der Konkurrenzkampf auf dem Spendenmarkt ist härter geworden, und die Mittel der öffentlichen Hand fliessen weniger ergiebig als früher. Rezessionszeiten akzentuieren diese Tendenzen, so dass die NPO ihre Anstrengungen zur Finanzierung verstärken müssen.

Unter **Finanzierung** im weitesten Sinne verstehen wir die Beschaffung von Finanzmitteln, welche die NPO benötigt, um diejenigen Betriebsmittel bereitzustellen, die sie für die Produktion ihrer Leistungen beziehungsweise die Erfüllung ihrer Aufgaben braucht. Zur Analyse der Finanzierung interessiert deshalb der gesamte Bereich der Mittelherkunft. Die Frage der Beschaffung von Finanzmitteln ist in engem Zusammenhang mit den Leistungsadressaten und den Güterarten zu untersuchen. Die Leistungsadressaten können zumindest teilweise als Finanzgeber zur Finanzierung beigezogen werden. Die Güterarten bestimmen weitgehend die Finanzierungsart. Schliesslich sind Dritte und Staat mögliche Geldgeber.

Abbildung 30 vermittelt einen matrixartigen Überblick über diese Elemente der Finanzierung.

Abbildung 30: Elemente der NPO-Finanzierung

Güterart	Finanzgeber				
				Staat	
	Mitglieder	Nicht-Mitglieder (potentielle Mitglieder)	Dritte (Verbände, Unternehmen, Haushalte)	als Konsument	als Hoheitsträger
A. Nicht-marktfähige Güter					
1. Öffentliches Gut	Verbandsbeitrag	–	Spende	–	Subvention
2. Kollektives Gut					
2.1 Nutzung durch gesamte Gruppe 2.11 Nutzung der Gesamtleistung 2.12 Nutzung einer Teilleistung	**Verbandsbeitrag** Sonderbeitrag z.B. für Berufsausbildung	Solidaritätsbeitrag	Spende		Subvention, zweckgebunden
2.2 Nutzung durch Untergruppen	Sonderbeitrag z.B. für Gemeinschaftswerbung einer Fachgruppe				
B. Marktfähige Güter					
3. **Privates Gut** mit Gruppenkonsum (generelle Leistung) oder individueller Nutzung (individuelle Leistung)					
3.1 Der Marktkontrolle unterstellt 3.11 Konkurrenzgut 3.12 Monopolgut	Marktpreis z.B. für *Verbandszeitschrift* Monopolpreis z.B. für *Branchenstatistik*	Höherer Preis oder Ausschluss von der Nutzung	Preis oder Ausschluss von der Nutzung	Preis, Gebühr oder unentgeltliche Abgabe	Subvention möglich, aber selten
3.2 Der Marktkontrolle teilweise/ nicht unterstellt					
4. **Meritorisiertes Gut** der Marktkontrolle nur teilweise unterstellt	Gebühr z.B. für *Seminar*				Subvention möglich, aber selten

3.4.2   Güterart

Als Güterarten können nicht-marktfähige Güter (öffentliche oder kollektive Güter) von den marktfähigen Gütern (privaten, individuellen Gütern) unterschieden werden. Grundsätzliches Unterscheidungskriterium für die beiden Kategorien ist das **Ausschlussprinzip**, welches darüber entscheidet, ob ein Gut marktfähig ist oder nicht. Nicht-marktfähig sind solche Güter, bei denen ein Einzelner von der Nutzung des Gutes nicht ausgeschlossen werden kann, wenn das Gut einmal produziert ist, unabhängig davon, ob dieser Einzelne einen Beitrag an die Kosten leistet oder nicht (Nicht-Ausschliessbarkeit der Nichtzahler). Der Nutzen ist also nicht teilbar und auf einzelne zu beschränken, wie dies beim **individuellen (privaten) Gut** der Fall ist. Kommt der Nutzen nur einer Gruppe (als Teil einer Gesellschaft) zu, so wird von einem **Kollektivgut** gesprochen; ist die Gesamtheit einer räumlich abgegrenzten Population Nutzniesser, liegt ein **öffentliches Gut** vor.

Zu unterscheiden von den drei genannten Güterarten sind die **meritorischen** und die **unentgeltlichen Güter**. Diese sind grundsätzlich marktfähig, wobei aber eine Gruppe oder der Staat mit dem am Markt erzielten mengen-, qualitäts- und/oder preissmässigen Resultat nicht zufrieden ist und deshalb meritorisierend durch Subventionen (Landwirtschaft) oder demeritorisierend durch (annähernd) prohibitive Steuern (Alkohol, Tabak) auf das Marktergebnis lenkend eingreift. Meritorisierte Güter sind, weil ihr Entgelt "manipuliert" ist, nur teilweise der Marktkontrolle unterworfen. Ähnliches gilt für unentgeltliche Güter, die insbesondere im karitativen Bereich an Bedürftige abgegeben werden, für die aber grundsätzlich eine Gebühr oder ein Preis verlangt werden könnte.

Die Güterart ist nun insofern bestimmend, als sie einzelne Finanzierungsmittel entweder zulässt oder ausschliesst, wie der folgende Abschnitt zeigt.

3.4.3 Finanzierungsarten

a) **Finanzierung im Zusammenhang mit der Güterproduktion:**

Die NPO kann – je nach ihrer Zwecksetzung und Struktur – sowohl die Nutzniesser beziehungsweise Benutzer der von ihr erstellten Leistungen zur Übernahme der Kosten heranziehen und bestimmte Entgelte für ihre Tätigkeit verlangen (Beiträge, Gebühren, Preise) als auch diese Güterproduktion von Dritten (Spenden) oder dem Staat (Subventionen) unterstützen lassen. Die Finanzierung aus der Güterproduktion steht in den folgenden Ausführungen im Mittelpunkt, kommt diesen Finanzierungsmitteln doch in der NPO die grösste Bedeutung zu.

b) **Anteilsfinanzierung:**

Rechtlich selbständige, von der NPO selber oder in Kooperation mit anderen getragene Betriebe (Schulen, Institute, Verlage) können mit Eigenkapitalanteilen finanziert werden. Dies gilt auch für Betriebe zum Beispiel in der Form der Genossenschaft, welche parallel zu einem Verband von den Mitgliedern getragen werden.

c) **Kreditfinanzierung:**

Die Kreditfinanzierung dient der Überbrückung von Liquiditätsengpässen im kurzfristigen Bereich oder zur Finanzierung langfristiger Investitionen (Verwaltungsgebäude, EDV-Anlage).

d) **Erlös/Ertrag aus Kapitalanlagen (Vermögen):**

Vermögensbestandteile können veräussert oder Dritten gegen Entschädigung zur Nutzung überlassen werden. Ein Kapitalertrag resultiert aus der Anlage von Rechnungsüberschüssen (Sparkonti, Obligationen, Immobilien).

3.4.4   Finanzgeber

Folgende Kategorien von Finanzgebern können der NPO Finanzmittel zur Produktion von Gütern und Leistungen zur Verfügung stellen:

a) Die **Mitglieder** von Selbsthilfe-NPO und mitgliedschaftlichen Fremdleistungs-NPO.

b) Als zweite Kategorie sind für Verbände die **Nichtmitglieder** zu erwähnen, also jene Personen, Organisationen, Unternehmungen oder Haushalte, die vom Verbandszweck und der statutarischen Definition her gesehen Mitglieder sein könnten, die aber dem Verband nicht beitreten.

c) Unter eine weitere Kategorie fallen alle übrigen Wirtschaftssubjekte und -institutionen, die grundsätzlich nicht NPO-Mitglieder werden können (**Dritte**) beziehungsweise die NPO ausschliesslich durch Geld und nicht durch Mitwirkung unterstützen wollen (z.B. Gönner, Spender).

d) Schliesslich ist der **Staat** anzufügen, der in zweierlei Hinsicht als Finanzgeber auftritt: Er kann einerseits selbst NPO-Leistungen konsumieren, andererseits kann er als Hoheitsträger ein öffentliches Interesse an der Produktion der Leistung haben beziehungsweise solche an die NPO zur Erfüllung übertragen (z.B. bei Kammern).

3.4.5   Finanzierungsmittel

a) Die Beitragsfinanzierung ist in Selbsthilfe-NPO (Verbänden) gesamthaft gesehen die bedeutendste Finanzierungsart. Dies schliesst allerdings nicht aus, dass bei ausgeprägten Dienstleistungsverbänden der grösste Teil der Mittelherkunft aus Preisen und Gebühren stammt. **Beiträge** sind Finanzmittel, die von den Nutzniessern öffentlicher oder kollektiver Güter geleistet werden, mit dem Zweck der gemeinsamen Kostentragung. In der Regel wird der Beitrag des einzelnen Zahlers nicht nach der (kaum feststellbaren) Intensität seiner Dienstleistungs-/Güternutzung, sondern nach Gesichtspunkten der Gleichheit (Pro-Kopf-Beitrag) oder der wirtschaftlichen Leistungsfähigkeit (gestaffelter Beitrag) festgelegt. Neben dem Verbandsbeitrag (Gesamtbeitrag) sind auch Sonderbeiträge für Teilleistungen und/oder für Untergruppen denkbar. Unter gewissen Bedingungen können auch Nichtmitgliedern Teil- oder Solidaritätsbeiträge abverlangt werden. Weniger bedeutsam können Beiträge in Karitativ-Verbänden sein, sofern dort die Mitwirkung der Mitglieder ein Hauptanliegen ist.

b) Im Gegensatz zu den Beiträgen sind **Preise** die von einzelnen Nutzern geleisteten Entgelte für private/individuelle Leistungen. Preise sind, sofern das Produkt in Konkurrenz zu gleichen oder ähnlichen (substitutiven) Produkten steht, Marktpreise. Hat das Gut Monopolcharakter und wird nur von einem Produzenten (von einer NPO) in dieser Art angeboten, so handelt es sich um Monopolpreise. Preisfinanzierung bedeutet, dass langfristig die Preise mindestens kostendeckend sein müssen. Sofern mit einem Gut Erwerb (Gewinn) erzielt werden soll, muss der Preis auch eine Gewinnkomponente enthalten (kostenüberdeckend).

Für Verbände ist die Strategie der **Preisdifferenzierung** zwischen Mitgliedern und Nichtmitgliedern wichtig. Kann auch ein Nichtmitglied Verbandsleistungen zum gleichen Preis wie die Mitglieder beziehen, so entfällt ein wesentlicher Anreiz für das Eingehen oder Erhalten einer Mitgliedschaft. Als Alternative zu höheren Preisen ist ein grundsätzlicher Ausschluss der Nichtmitglieder vom Leistungsbezug anwendbar. Damit knüpfen wir an das Olson-Theorem und die selektiven Anreize an (siehe Abschnitt *3.1.2*).

c) Als dritte Gruppe von Finanzierungsmitteln können die **Gebühren** unterschieden werden. Gebühren werden hier als nicht-kostendeckende Entgelte für meritorische Güter verstanden, wobei der Verzicht auf Kostendeckung und damit ein Beizug anderer Finanzierungsquellen bewusst erfolgt. Für die NPO bedeutet das, dass sie gewisse Leistungen teils aus Gebühren, teils aus den allgemeinen Beiträgen (im staatlichen Bereich als "interne Subventionierung" bezeichnet) oder aus externen Mitteln (Spenden, Subventionen) finanziert.

Gebühren können einen mehr oder weniger hohen Kostendeckungsgrad erreichen. Am Ende dieses Kontinuums stehen die **unentgeltlichen** Leistungen, also der (bewusste) Verzicht des Anbieters auf jegliche Entschädigung. Dies ist bei karitativen Leistungen häufig der Fall. Wirken bereits Gebühren "manipulierend" auf die Marktkontrolle ein (die Beanspruchung soll ja durch geringe Entgelte gefördert werden), so kommen wir mit der unentgeltlichen Abgabe direkt in Nicht-Markt-Verhältnisse hinein. Da der Leistungsbezüger keine Kosten-Nutzen-(Preis-Leistungs-)Überlegungen anstellen muss, kommen andere Motive und Präferenzen zum Tragen mit dem Effekt einer tendenziellen Überbeanspruchung des Gutes (vergleiche das entsprechende Phänomen im Gesundheitswesen).

d) **Spenden** wiederum sind (in der Regel freiwillige) Zuwendungen Dritter an die NPO, um entweder einzelne Leistungen zu unterstützen (zweckgebundene Spende) oder die Gesamtaktivität der NPO zu fördern. Im weiteren Sinne können auch andere aus dem Fundraising bekannte "Beschaffungsmethoden" (z.B. Legate) den Spenden zugerechnet werden.

e) Zuwendungen staatlicher Hoheitsträger (**Subventionen**) können zweckgebunden sein oder nicht. Sie können zudem für die Produktion marktfähiger und nicht-marktfähiger Leistungen abgegeben werden, sofern der NPO-Leistung eine Erfüllung öffentlicher Interessen oder öffentlicher Aufgaben nachgewiesen werden kann.

Eine **Analyse der Mittelherkunft** gibt Aufschluss über ihre Entwicklung im Zeitablauf und im zwischenbetrieblichen Vergleich. Insbesondere interessiert dabei, ob die anteilsmässige Verteilung der einzelnen Finanzmittel für die NPO sinnvoll ist, ob alle Möglichkeiten von Finanzgebern und Finanzierungsmitteln ausgeschöpft wurden und ob sich durch neue Leistungen nicht auch neue Finanzgeber finden liessen. Eine solche Analyse der Mittelherkunft erhält allerdings nur dann ihre volle Bedeutung, wenn sie mit einer detaillierten, zweckmässigen **Analyse der Mittelverwendung** gekoppelt ist. Hierfür ist ein fundiertes **Rechnungswesen** im Sinne einer **Kostenrechnung** (Betriebsbuchhaltung) erforderlich. Ergebnisse von empirischen Untersuchungen weisen in NPO einen grossen Nachholbedarf im Bereich der Kostenrechnung nach. Als eines der wichtigsten Führungsinstrumente erfüllt sie Dispositions-, Dokumentations- und Kontrollfunktionen (*Abbildung 31*).

Ergebnis einer Analyse der Mittelverwendung könnte u.a. sein, dass ein allzu hoher Kostenanteil aus generellen Mitteln (Beiträgen, Spenden,

Subventionen) für die Finanzierung von grundsätzlich marktfähigen Gütern aufgewendet wird. In solchen Fällen drängt sich ein Übergang von der Beitragsfinanzierung ("Gratisleistung") zur Gebührenfinanzierung oder die "Herausnahme" eines Individualgutes (z.B. Verbandszeitschrift) aus der Beitragsfinanzierung und die Anwendung der Gebühren- beziehungsweise Preisfinanzierung auf. Solche Umstellungen sind jedoch heikel, können Widerstände oder ungewollte Nachfrage-Einbussen zeitigen und sind deshalb sorgfältig zu überlegen. Sie stellen allemal einen eminenten NPO-politischen Entscheid dar.

Abbildung 31: Funktionen des Rechnungswesens

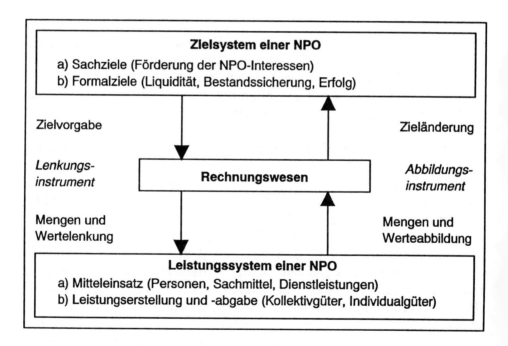

3.5   Sachmittel/Administration

Unter dem Begriff Sachmittel werden in einer NPO alle **infrastrukturellen Hilfsmittel** zusammengefasst, die es dem Milizsystem und der Geschäftsstelle ermöglichen, ihre dispositiven und administrativen Aufgaben effizient wahrzunehmen. Die Forderung, dass im Bereich der Sachmittel auch in NPO die neuesten technischen Hilfsmittel zum Einsatz gelangen, ist nicht überholt. In der NPO-Praxis sind oft veraltete oder unsachgemäss angewandte Hilfsmittel verantwortlich für eine ineffiziente **Administration**. Die Art und Ausgestaltung der Sachmittel unterscheiden sich in NPO nur unwesentlich von erwerbswirtschaftlichen Unternehmungen. Lediglich einige Anforderungen bezüglich der Mitgliederbewirtschaftung oder der häufig umständlicheren Entscheidungswege im Beschaffungsbereich können als NPO-spezifisch festgehalten werden.

Als Dienstleistungsbetrieb ist die NPO vorwiegend als **Informations- und Kommunikations-System** zu begreifen und zu gestalten. Demnach sind im Verband besondere Akzente auf die Sachmittel (Hard- und Software) für die Informations- und Datenverarbeitung zu setzen. Sie sind die eigentlichen Hilfsmittel der verbandlichen Leistungserstellung. Mitgliedschaftlich-strukturierte NPO sind zudem geprägt durch vielfältige regionale Untergruppierungen oder überregionale Zusammenschlüsse. Die Vernetzung der Informations- und Kommunikationssysteme beziehungsweise deren Kompatibilität ist für eine effiziente Zusammenarbeit der verschiedenen Organe und Stellen in der Willensbildungs- und Entscheidfindung sowie bei der Leistungserbringung sehr wichtig. In vielen bedarfswirtschaftlich ausgerichteten Organisationen haben sich jedoch die Erkenntnisse einer effizienten, EDV-unterstützten Administration noch nicht durchgesetzt.

Des weiteren können in folgenden Bereichen **technische Hilfsmittel als Potential** betrachtet werden:

- Textverarbeitung (Protokolle, Berichtwesen, Korrespondenz)
- Mitgliederbewirtschaftung (Mitgliederdatei, Mutationen, Mitgliederliste)
- Buchhaltung/Rechnungswesen (Budgetierung, Buchführung, Beitragsinkasso, Rechnungsstellung, Kostenrechnung, Jahresabschluss)

- Archiv, Dokumentation, Informations-/Datenbank (Ablage, Zugriffs-möglichkeiten, Abtragen des Papierberges)
- Terminplanung (Verbandsorgane, Geschäftsführer/Sekretär, Mitarbeiter)
- Statistik (Branchendatei, Berechnung von Zusammenhängen, andere Aus-wertungen)
- Prognosen.

3.6 Das Kooperations-System

NPO in Vereinsform sind selber Kooperationen und befinden sich in der Regel eingebettet in ein Netz von anderen (übergeordneten) NPO. Im Rahmen des Kooperations-Systems geht es primär darum, vermehrt "make or buy"-Entscheidungen zu treffen oder mit anderen Worten: Es gibt im näheren und weiteren Umfeld viele Organisationen, die in Teilbereichen gleiche Ziele verfolgen. Anstatt dass NPO alles selber machen – und dabei namhafte Ressourcen verbrauchen –, können auch Kooperationen eine effiziente Alternative sein. Dies nicht nur aus Sparsamkeitsgründen, sondern durchaus auch mit dem Ziel, **durch gemeinsames Auftreten eine stärkere Wirkung und Synergieeffekte** zu erzielen.

Die Kooperationen zählen wir deshalb zu den Potentialen einer NPO, weil sie eine Alternative zu den eigenen NPO-internen Ressourcen darstellen. Statt eine Aufgabe selber zu erfüllen – was eigene Personalkapazität und weitere Sachmittel voraussetzt –, überträgt die NPO diese Aufgabe an eine Kooperation (einen übergeordneten Verband, an eine mit anderen NPO getragene Institution). Die NPO geht also Mitgliedschaftsbeziehungen in anderen NPO ein, die Beziehungen werden von Beauftragten, Vertretern der NPO wahrgenommen. Damit ergeben sich zum einen für die NPO selber Mitgliedschafts-Kalküle, wie sie in *Abbildung 27* dargestellt wurden. Zum andern besteht das Problem einer möglichst engen Rückbindung der Vertreter an die NPO-eigene Politik. Die Vertreter werden oft von den Organen der Kooperation – auf Vorschlag der NPO – gewählt und haben insofern ein persönliches Mandat. Dieses können beziehungsweise sollten sie jedoch nicht nach eigenem Gutdünken erfüllen, sondern haben als "Sprecher" für die in der NPO von den zuständigen Organen und Stellen definierten Interessen zu amtieren.

Eine weitere Bemerkung ist erforderlich. Im folgenden Kapitel *4* werden wir immer wieder von mehrstufigen NPO sprechen. Wir meinen damit Verbände, die über mehrere "geographische" Stufen aufgebaut sind, mit Basisvereinen auf lokaler Ebene, die wiederum auf Kreis- oder Landesebene zusammengeschlossen sind, wobei letztere ihrerseits unter dem Dach eines Bundesverbandes stehen. Von der Definition her sind auch solche Zusammenschlüsse als Kooperationen zu bezeichnen. Sofern aber diese mehreren Verbandsstufen alle ein und demselben Zweckbereich (z.B. Branche, Beruf, Rotes Kreuz, Naturschutzbund, Fussballvereine) zugehören, ergeben sich daraus andere beziehungsweise zusätzliche Probleme der Organisation und Führung von **gesamtverbandlichen Strukturen**. Diese stehen hier nicht zur Diskussion.

3.6.1 Dach-/Spitzenverbände

Nationale Spitzenverbände beziehungsweise internationale Branchen- und Fachverbände sind dazu da, bestimmte Interessen ihrer Mitglieds-Organisationen auf höherer Ebene zusammenzufassen und gemeinsam zu vertreten. Dies geschieht unter Wahrung der rechtlichen Selbständigkeit der Untergliederungen und der Mitglieder. Der politischen Interessenvertretung für die angeschlossenen NPO wird hier gegenüber der Dienstleistungsfunktion eine grössere Bedeutung beigemessen. Spitzenverbände sind deshalb dominant politische Lobby-Organisationen. Dienstleistungen werden sie nur dort erbringen, wo sie ihre Mitglieds-Organisationen nicht konkurrenzieren beziehungsweise wo diese übergeordnet-gemeinsame Bedürfnisse haben.

Als Beispiele typischer Spitzenverbände sind zu nennen:

- Bundesverband der Deutschen Industrie BDI
- Schweizerischer Gewerkschaftsbund SGB
- Bundes-Wirtschaftskammer Österreich.

Dach-/Spitzenverbände verfügen über eine eigene Rechtspersönlichkeit und nehmen im allgemeinen mehrere oder alle der folgenden Aufgaben wahr:

- Ordnungs- und Koordinierungsaufgaben zwischen den angeschlossenen NPO
- Beratung der Mitglieder und – entsprechend den Statuten/Satzungen – Vertretung in übergeordneten Fachfragen einschliesslich der damit zusammenhängenden rechtlichen und wirtschaftlichen Probleme
- Aus-, Fort- und Weiterbildungsaufgaben auf grundsätzlicher Ebene
- Beziehungen zu Behörden, Politik
- Zusammenarbeit mit anderen Spitzenverbänden (international)
- Kooperation mit öffentlich-rechtlichen Institutionen
- Vernehmlassung zu der für die vertretenen NPO relevanten Gesetzgebung
- Informations- und Kommunikationsfunktion gegenüber der breiten Öffentlichkeit.

Insgesamt betrachtet leisten Spitzenverbände einen ständigen Beitrag zur kontinuierlichen Weiterentwicklung aller ihnen angeschlossenen Ebenen und üben damit eine bedeutsame Funktion aus.

3.6.2   Arbeitsgemeinschaften

Arbeitsgemeinschaften sind Verbindungen einzelner (grundsätzlich gleichgestellter) NPO oder von meist wenigen Dach-/Spitzenverbänden, teils ohne eigene Rechtspersönlichkeit, um gemeinsame Ziele zu verfolgen und spezielle Aktivitäten zu entwickeln. Im Unterschied zum Dachverband werden nicht bestimmte Aufgaben auf eine höhere Ebene ausgelagert, sondern in einer zwischenverbandlichen Zusammenarbeit gelöst. Arbeitsgemeinschaften können sowohl den Charakter von institutionalisierten Zirkeln (Qualitätszirkel) haben oder aber zur Realisierung konkreter Projekte (Projekt-Organisation) für eine bestimmte Dauer eingesetzt werden. Im allgemeinen beschränken sich jedoch Arbeitsgemeinschaften auf einzelne Bereiche beziehungsweise Aktivitäten von NPO. Das Spektrum möglicher Aufgaben ist mit demjenigen von Dach-/Spitzenverbänden vergleichbar.

3.6.3 Kooperative Betriebe

Solche Betriebe sind auf Dauer angelegte, institutionalisierte Formen der Kooperation, die meist klar abgegrenzte Aufgaben dominant im Dienstleistungsbereich erfüllen. In der Regel sind einige wenige NPO mit gleichen Interessen die Träger. Als Rechtsform werden nicht selten die AG oder GmbH gewählt, aber auch die Stiftungsform ist gebräuchlich. Die Träger finanzieren diese Betriebe primär durch Kapitalanteile. In der Folge sollen sie aber selbsttragend bis gewinnbringend arbeiten. Beispiele sind etwa Forschungsinstitute (mehrere Wirtschaftsbranchen), Beratungs- und Treuhandfirmen, Schulen, Versicherungen usw.

Mit der Darstellung des Kooperations-Systems sind die Ausführungen über das Betriebsmittel-System abgeschlossen. Das folgende Kapitel *4* befasst sich mit dem Management-System als dem von der NPO selber geschaffenen und gestalteten Potential zur Führung und Lenkung der gesamten NPO und ihrer "Teile".

4. Potential-System 2: Das Management-System

4.0 Abgrenzung und Beschreibung, Grundlagen

Vom Zweck her gesehen haben wir das Management-System (M-S) dem **Potential-System** zugeordnet (*Abbildung 32*). Aus dieser Sicht bedeutet das M-S die "Fähigkeit" der in der NPO Tätigen, mit Hilfe bestimmter Instrumente und Methoden das gesamte NPO-System erfolgsorientiert zu lenken. Gleichzeitig lässt sich das M-S auch als Bündel spezifischer Aufgaben beschreiben, wobei dieselben (gemäss *Abbildung 18*) formal-übergreifend betrachtet werden.

Abbildung 32: Die Aufgaben (Teilbereiche) des Management-Systems

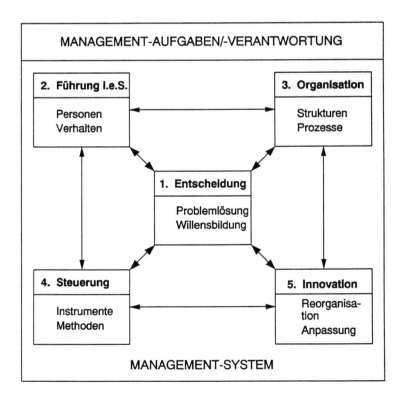

Das M-S umfasst damit die Gesamtheit der in den fünf Teilbereichen gemäss *Abbildung 32* zu erfüllenden Aufgaben (Management-Funktionen). Es wird als Handlungs-System (und nicht als Personen-System) begriffen. Ihm sind alle Tätigkeiten (als Aufgaben, Kompetenzen und Verantwortung) zuzuordnen, die in der Realität auf mehrere oder eine Vielzahl von Personen verteilt sind. Wir betrachten deshalb Management als multipersonalen arbeitsteiligen Prozess. Dies wird in den *Abbildung 33* illustriert. Das Schema zeigt die unterschiedlichen Grade der Teilhabe am Management, in Abhängigkeit von der Hierarchieebene. Konsequenterweise ist deshalb auch der Sachbearbeiter als Teilhaber (Element im M-S) aufzufassen, sofern er über einige der folgenden Kompetenzen verfügt:

a) Partizipation an Entscheiden;

b) Selbständiges Entscheiden im Delegations-Bereich;

c) Selbstkontrolle, -organisation, -koordination.

Abbildung 33: System-Betrachtung: Management als multipersonaler und arbeitsteiliger Prozess

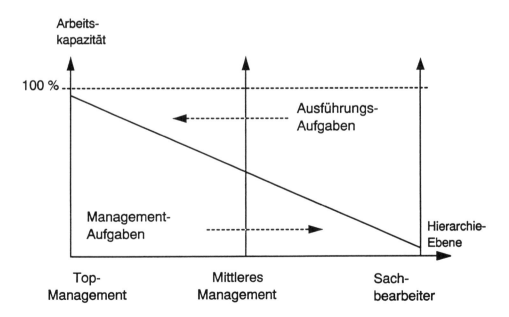

127

In diesem Sinne überlappt das M-S das Ausführungs-System, beide Systeme greifen ineinander über, sind verkoppelt. Diese Tatsache manifestiert sich dadurch, dass einzelne Aufgabenträger (Personen, Stellen) in der NPO gleichzeitig "Führende" und "Ausführende" sind. Die Funktion, der Zweck des M-S liegt in der Bestimmung, Gestaltung und Lenkung des Ausführungs-Systems beziehungsweise der materiell-inhaltlichen Dimension der NPO, wie dies in *Abbildung 18* dargestellt wurde.

Dabei wird das M-S – nun vom Lehr-Inhalt her gesehen – als rein formal-allgemeines Problemfeld behandelt. Wir diskutieren also Management auf einer generellen, von materiell-sachlichen (Ausführungs-)Problemen losgelösten Ebene. So sprechen wir etwa von "Menschenführung" unabhängig davon, in welchen Ausführungs-Einheiten die Mitarbeiter tätig sind. Oder: Die Behandlung von Willensbildungs- und Entscheidungsprozessen erfolgt grundsätzlich ohne Einbezug spezifischer Entscheidungs-Inhalte (zu lösender Probleme).

Zusammenfassend können wir das M-S wie folgt umschreiben:

Es gestaltet und lenkt das Ausführungs-System. Zur Erfüllung dieser Funktion hat es

1) bestimmte **Kern-Aufgaben** (Entscheiden, Konsens und Akzeptanz erzielen) zu bewältigen und **Verantwortung** (zur Problemlösung) zu tragen;
2) Menschen (Milizer, Mitarbeiter) zu **führen**;
3) Strukturen und Abläufe (Prozesse) zu **organisieren**;
4) die Tätigkeiten und das gesamte NPO-System zu **steuern** (Ziele setzen, planen und kontrollieren);
5) durch **Innovation, Reorganisation** das NPO-System und seine "Teile" den Umweltveränderungen anzupassen.

Zur Erfüllung all dieser Management-Funktionen/-Aufgaben müssen **Management-/Führungs-Instrumente** entwickelt, formell in Kraft gesetzt und anschliessend konsequent gehandhabt werden. Führungs-Instrument sind das "Werkzeug" der mit "Management" beauftragten Personen ("management tools"). *Abbildung 34* zeigt dieses Instrumentarium auf, und zwar in einer

Abbildung 34: System der Management-Instrumente: Aufbauschema

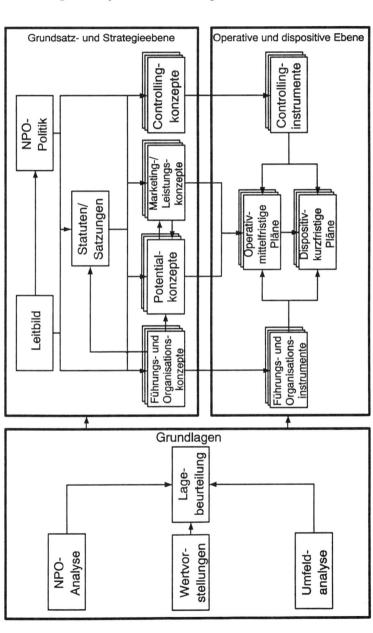

Drei-Phasen-Gliederung (Grundlagen, Grundsatz- und Strategieebene, operative und dispositive Ebene), welche gleichzeitig auf die logischen Zusammenhänge der Elemente hinweist.

Auf die einzelnen Instrumente wird in den folgenden Abschnitten immer wieder zurückzukommen sein.

4.1 Das Entscheidungs-System (Verantwortung, Problemlösung)

Als Funktionen und Verantwortung im Entscheidungs-System betrachten wir die folgenden:

a) Auf der **sachlichen Ebene** umfasst es die Gestaltung und Leitung der NPO als Ganzes und ihrer Input-, Throughput- und Output-Aufgaben durch strukturierte Entscheidungs-(Willensbildungs- und Durchsetzungs-) Prozesse.

b) Dabei entstehen Prozesse der **Machtentfaltung und Interessendurchsetzung** (Macht-Ebene) unter den Betroffenen und Beteiligten, so dass das Entscheidungs-System – durch die Gestaltung der Willensbildungsabläufe – **Konflikte "bewältigen", Konsens erzielen und Akzeptanz** für die Entscheide **herbeiführen** muss (sozio-emotionale Ebene).

c) Insgesamt trägt das Entscheidungs-System die **Verantwortung** für die Erkennung der NPO-relevanten **Probleme**, die effiziente Gestaltung der Problemlösungs-Prozesse und die Realisierung der beschlossenen (und akzeptierten) Lösungen.

Diese Aktivitäten und Verantwortlichkeiten werden auch als **Kern-Aufgaben** des Managements bezeichnet. Sie aktualisieren sich in den Führungsprozessen, die alternativ als

- Willensbildungs- und Willenssicherungs-Prozesse
- Entscheidungs-Findungs- und Durchsetzungs-Prozesse
- Problemlösungs-Prozesse

benannt werden, wobei die drei Begriffe je unterschiedliche Aspekte hervorheben.

Die Management-Prozesse werden in der Regel in sogenannten **Phasen-Modellen** dargestellt, wie sie in *Abbildung 35* beispielhaft am Ablauf einer Konzept-Erarbeitung und -Umsetzung aufgezeigt sind.

Diese Modelle sind sehr stark technisch-methodisch ausgerichtet und orientieren sich an der Sachproblem-Lösung, bringen jedoch die Vielfalt der sich in den Prozessen abspielenden Aktivitäten und insbesondere die sozio-emotionale Dimension (die "Befindlichkeiten" der Beteiligten und Betroffenen) nicht oder nur ungenügend zum Ausdruck. Diese zusätzlichen Aspekte und Gegebenheiten werden durch das sogenannte Episoden-Modell treffend illustriert (*Abbildung 36*). Es zeigt, dass nur ein Teil der Prozess-Aktivitäten auf die Lösung des anstehenden Sachproblemes ausgerichtet ist und dass sich darumherum vielfältige Geschehnisse der Machtentfaltung, Interessenwahrung und -durchsetzung sowie der Konflikthandhabung und Konsensfindung ranken. Wesentlich ist, dass der Entscheid erst beziehungsweise nur als **Ergebnis** der sich überlappenden Aktivitätsbereiche anfällt, wobei es eine Hauptzielsetzung des Prozesses sein muss, gleichzeitig auch eine möglichst breite **Akzeptanz** des Entscheides herbeizuführen.

Ein weiterer Ansatz zur Erhellung des Prozessgeschehens findet sich im **Rollen- und Beziehungsgeflecht** der am Prozess Beteiligten (*Abbildung 37*). Zum einen illustriert die Abbildung erneut die Arbeitsteilung im M-S. Zum anderen differenziert sie die unterschiedlichen Rollen (Aufgaben, Kompetenzen) der Beteiligten und zeigt deren Interessen beziehungsweise Einflussmöglichkeiten auf. Eine der zentralsten und problembelastetsten Beziehungen ist diejenige zwischen **Entscheidern und Entscheidungs-Vorbereitern.** In NPO ist von der Tatsache auszugehen, dass "die oben" über das entscheiden, was "die unten" vorbereiten beziehungsweise ihnen als Anträge/Entscheidungsinhalte auf den Tisch legen. Daraus ergeben sich alle aus dem sogenannten **Stab-Linien-Verhältnis** bekannten Probleme der Entscheidbeeinflussung, der Vorwegnahme "politischer" Entscheide bis hin zur Manipulation durch den Entscheidungs-Vorbereiter. Dieser erfüllt – auch wenn er eine nachgeordnete Linien-Instanz ist – für die vorgesetzte Instanz

Abbildung 35: Phasen und Aktivitäten im gesamtverbandlichen Problemlösungsprozess

PHASENBEZEICHNUNG			AKTIVITÄTEN
WILLENSBILDUNG	ENTSCHEIDUNGS-VORBEREITUNG	1. ANREGUNG	- Problemsuche und -definition - Vorabklärung über Kontext- und Problemvariablen - Vorgehensmöglichkeiten bei Problemlösung - Beschluss: Prozesseinleitung bzw. -abbruch
		2. EINLEITUNG	- Ziele und Strategien für die Problemlösung - Organisation (z.B. Projektorganisation) - Ablaufplanung (Schritte, Termine, Kapazitäten) - Information der Beteiligten und Betroffenen - Beschluss über Organisation, Planung, Budget
		3. BEARBEITUNG	**3.1 Konzepterarbeitung** - Informationsbeschaffung, Analysen - Konzeptentwürfe in "Stäben" (Projektgruppen, Ausschüssen, Referaten) - Information der Organe und Mitglieder über Prozessverlauf und wichtige Probleme **3.2 Konsensfindung** - Konzeptdiskussion in Leitungsorganen (Vorstand) - Vernehmlassung/Anhörung der Mitglieder zum Konzeptentwurf - Konzeptüberarbeitung
	ENTSCHEID	4. BESCHLUSS	- Konzeptgenehmigung durch Leitungsorgan und Vorschlag an das Trägerschaftsorgan - Antragsverfahren zur Trägerschaftsversammlung - Informations- und Promotionsaktivitäten bei den Mitgliedergruppen ("Aufklärung") - Beschlussverfahren an der Trägerschaftsversammlung (Lesung, Diskussion, Abstimmung)
WILLENSDURCHSETZUNG	REALISATION	5. UMSETZUNG	- Beschlusskommunikation an Mitglieder, Dritte - Erarbeitung von Handlungsvorschriften (Instruktionen, Weisungen, Reglemente usw.) - Information, Anweisung, Schulung der Ausführenden (Mitarbeiter, Mitglieder)
		6. AUSFÜHRUNG	- Vollzug des Beschlusses - Ausführungsentscheide durch Beteiligte
	KON-TROLLE	7. KONTROLLE	- Überwachung der Ausführungshandlungen - Ergebnisse: Ermittlung, Bewertung - ev. Korrektur-/Anpassungsbeschlüsse

Abbildung 36: Handlungs- und Verhaltensweisen in Problemlösungs-/Entscheidungsprozessen (Episoden-Modell)

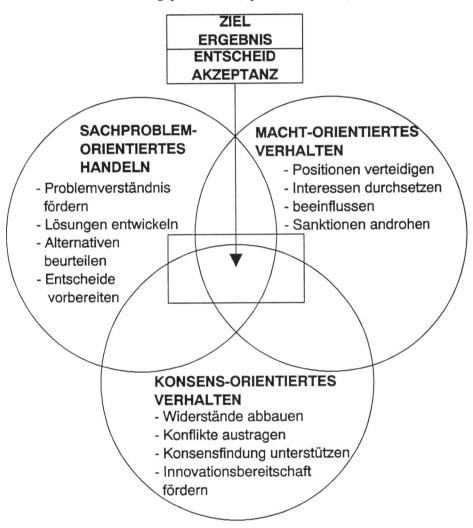

eine Stabsfunktion. Je vollkommener, endgültiger diese Stabsaufgabe in Form von fixfertigen Entscheidungs-Paketen ("completed staff-work") ist, desto mehr verlagert sich die reale Entscheidungsmacht zum Stab und desto weniger kann der Entscheider seine formelle Kompetenz (des Entscheidens)

133

auch materiell wahrnehmen. Es müssen demnach Verfahren (Prozessgestaltungs-Modelle) gefunden werden, welche ein tendenzielles Gleichgewicht zwischen Stab und Linie herbeizuführen vermögen ("checks and balances") und der Linie, den Entscheidern eine reale Mitprägung der Entscheidungen ermöglichen.

Abbildung 37: Rollen und Beziehungen im Management-System (einer mitgliedschaftlichen NPO)

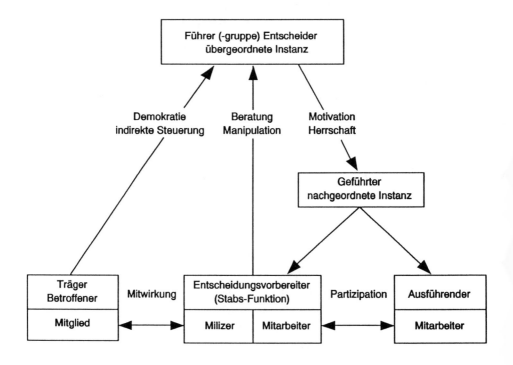

4.2 Das Führungs-(Personen-, Verhaltens-)System

Führung als Menschenführung bezweckt grundsätzlich die zielorientierte Verhaltensbeeinflussung der in der NPO und für sie tätigen Menschen (Mitglieder, Milizer, Mitarbeiter).

Zentralproblem der Führung ist die **Motivation**. Einen Mitarbeitenden motivieren heisst, ihn mit bestimmten "Anreizen" zur Übernahme von Zielen, zur Erfüllung der ihm übertragenen Aufgaben, zur "Nutzung" seiner Leistungsfähigkeit (Wissen, Können, Fertigkeit, Erfahrung) mit dem Ziel einer bestmöglichen Leistungserbringung zu "bewegen".

Die Zusammenhänge in diesem Motivationsprozess sind in *Abbildung 38* dargestellt. Dieses Schema zeigt bereits deutlich, dass Motivation von einem ganzen Anreiz-"Bündel" abhängt und nicht ausschliesslich vom Führungsverhalten im engeren Sinne, also von der Beziehungs- und Interaktionsgestaltung zwischen Führendem und Geführtem. Massgebliche weitere Motivationseffekte bewirken die Organisation (die Rollen-/Stellendefinition durch Aufgaben, Kompetenzen und Verantwortung) sowie die Anstellungs- und Arbeitsbedingungen.

Führung durch Motivation ist immer auf eine **doppelte Zielsetzung** ausgerichtet: auf **Leistung und Zufriedenheit**. Diese beiden Zielrichtungen können gemäss *Abbildung 39* weiter aufgefächert werden.

Einzelne dieser Kriterien oder Teilziele sind wie folgt zu präzisieren:

a) Leistungsbezogene Führung bezweckt nicht nur Produktivität und Wirtschaftlichkeit in den laufenden Routineaufgaben, sondern fördert gleichzeitig die Anpassungsfähigkeit der Mitarbeiter. Einer "guten" Führung gelingt es, das Flexibilitäts- und Kreativitätspotential zu nutzen, insbesondere Neuerungsvorschläge "von unten" aufzunehmen und damit die Innovationsbereitschaft der Mitarbeiter positiv zu beeinflussen.

b) Die Erhöhung der Zufriedenheit der Mitarbeiter wird hier ausdrücklich nicht als "sozial-romantische Entgleisung" ansonsten nüchterner Führungskräfte, sondern als rationale, also vernünftige Zielsetzung aufgefasst.

135

Abbildung 38: Beeinflussungsfaktoren und Phasen im Motivationsprozess

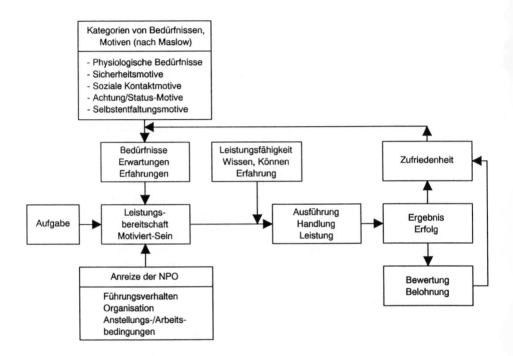

Die sozio-emotionale Orientierung des Führungsverhaltens gilt nach dieser Auffassung als eine der Leistungserbringung **gleichberechtigte** Zielsetzung. Der Führungsgrundsatz lautet zunächst: "**Leistung durch Zufriedenheit**". Eine NPO, deren Anreize zu einer möglichst weitgehenden Befriedigung der Mitarbeiterbedürfnisse beitragen, dürfte mit hoher Wahrscheinlichkeit auch mit einer guten bis überdurchschnittlichen Leistung rechnen. Es handelt sich demnach nicht um eine "satte" Zufriedenheit, die zum Bummeln anregt, sondern um eine "Befindlichkeit", welche die Leistungsbereitschaft fördert. Der genannte Grundsatz wird auch als **extrinsische Motivation** verstanden, als Stimulierung durch Anreize der NPO, also von aussen.

Abbildung 39: Führungsziele

Formalziele, Effizienzkriterien der Führung	
Instrumentale Rationalität	**Sozio-emotionale Rationalität**
arbeitsbezogen	mitarbeiterbezogen
Leistungs-Orientierung	Zufriedenheits-Orientierung
Produktivität	**Selbständigkeit**
Wirtschaftlichkeit	Selbstbestimmung
	Selbstverwirklichung
Anpassungsfähigkeit	**Sicherheit**
Flexibilität	materielle Sicherheit
Innovationsfähigkeit/-bereitschaft	Berechenbarkeit

Nun gilt aber auch die umgekehrte Grundsatzformulierung: **Zufriedenheit durch Leistung oder die intrinsische Motivation** durch den "Gehalt" der Arbeit selber. Befriedigung holt der Mitarbeiter aus seinem Job, seiner Aufgabe, und dies selbst dann, wenn die extrinsischen Motivatoren teilweise oder gänzlich fehlen.

In Anlehnung an diese doppelte Zielsetzung der Führung lassen sich unterschiedliche **Führungsstile** charakterisieren. Gemäss dem Verhaltensgitter von BLAKE and MOUTON (*Abbildung 40*) können sich Vorgesetzte mehr oder weniger stark produktions-/aufgaben-/leistungsorientiert verhalten und die menschliche Seite "eher" vernachlässigen beziehungsweise als sekundär betrachten (Stil 9.1). Umgekehrt verkörpert der Stil 1.9 eine primäre Mitarbeiter-Orientierung mit tendenzieller Vernachlässigung der Leistungskomponente. Es dürfte einleuchten, dass der optimale Stil mit einer Kombination von Leistung und Zufriedenheit zwischen 5.5 und 9.9 liegen müsste.

Die Optimalität eines Führungsstils darf jedoch nicht als absolut und personen-/situationsunabhängig betrachtet werden. Er charakterisiert zwar eine durchaus dauerhafte Grundhaltung von Führungskräften, von der aber abgewichen werden kann beziehungsweise muss. Ein **situativer Führungsstil**

137

orientiert sich demnach an der Art des Mitarbeiters und der Problemlage. Je nach Situation erhalten dann die beiden Komponenten eine unterschiedliche Gewichtung, Betonung.

Abbildung 40: Verhaltensgitter (Führungsstile) nach Blake/Mouton

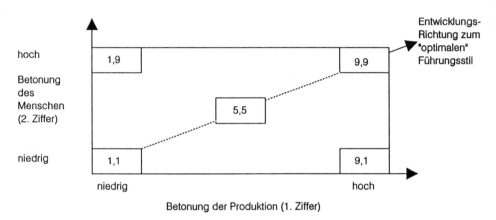

Eine andere Klassifizierung und Bezeichnung von Führungsstilen zeigt *Abbildung 41*. Sie geht von der Intensität des Einbezugs der Mitarbeiter in den Willensbildungsprozess aus und variiert zwischen autoritärem und demokratischem Führungsstil.

Eine weitere wesentliche Bedeutung liegt in der Unterscheidung von **angestrebter und angenommener Führung**. Ob eine "gute" Führung gelingt, hängt nicht nur von Willen und Absichten des Führenden, sondern ebenso von dessen Akzeptanz durch den Geführten ab. Ob eine Führung angenommen, ein Vorgesetzter akzeptiert wird, hängt weitgehend von dessen **Autorität** ab. Im Sinne des zu Beginn dieses Jahrhunderts tätigen Soziologen Max Weber bedeutet Autorität die Chance, bei einem angebbaren Kreis von Menschen Gehorsam zu finden. In heutigen Begriffen spricht man von angenommener Führung. Dieser Ansatz relativiert nun die Bedeutung des Führungsverhaltens beziehungsweise zeigt deutlich auf, dass andere Elemente,

Komponenten die Autorität (das Angenommen-werden) des Führenden ebenso beeinflussen beziehungsweise dessen Führungserfolg bedingen (*Abbildung 42*). Je schwächer eine dieser vier Säulen, desto weniger trägt die gesamte Konstruktion. Im Vergleich zur *Abbildung 33*: Je höher die formale Position in der Hierarchie, desto wichtiger wird die Säule 4 "Management-Know-how", welches sowohl das methodisch-instrumentell-technische "System"-Management wie die Menschenführung umfasst.

Abbildung 41: Führungsstilvarianten nach Steinle

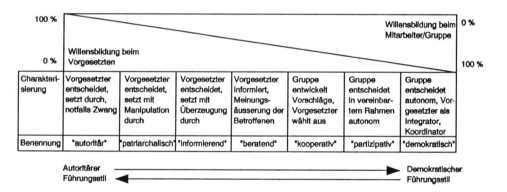

Abbildung 42: "Griechischer Tempel der Autorität": Das Vier-Säulen-Prinzip

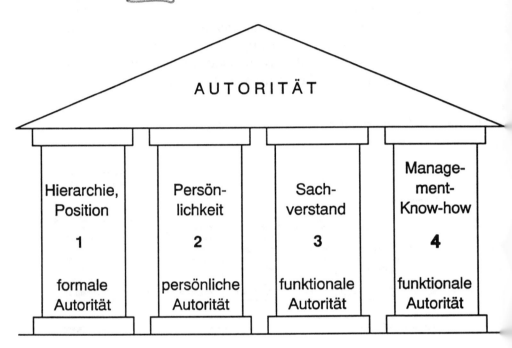

Autorität = Die Chance, bei anderen Menschen als "Führender" Akzeptanz zu finden.

1. **formale** Autorität: Mit der vorgesetzten Stellung verbundenes, vom Geführten grundsätzlich anerkanntes Recht der Weisungs- und Kontrollbefugnis;

2. **persönliche** Autorität (Charisma) führt zur Identifikation, Imitation;

3. **funktionale** Autorität durch fachliche Fähigkeiten, Erfahrungen bezüglich der zu lösenden Sachprobleme;

4. **funktionale** Autorität durch Verfügen über Management-Know-how in den Bereichen "System-Management" und "Menschenführung".

4.3 Das Organisations-System

4.3.1 Begriffs-Inhalt von "Organisation"

Von Organisation sprechen wir in drei unterschiedlichen Bedeutungsweisen:

1) **Institutionell** bezeichnen wir die Gebilde, die hier beschrieben werden, in ihrer Ganzheit als (Nonprofit-)Organisationen.

2) **Instrumentell** meinen wir unter Organisation die Gestaltung und Regelung der Strukturen und Prozesse des NPO-Systems, als Management-Aufgabe und als Instrument zur Erfüllung des NPO-Zweckes.

3) **Prozessual** oder funktional beinhaltet der Begriff die Tätigkeit des Organisierens beziehungsweise die Vorhergehensweise und Methodik, wenn wir Strukturen gestalten beziehungsweise verändern (reorganisieren) wollen.

In diesem Abschnitt befassen wir uns mit dem instrumentellen Aspekt von Organisation. Der prozessuale Inhalt wird in Abschnitt *4.5* abgehandelt.

Organisieren als Management-Aufgabe bedeutet:

1) **Die Gestaltung von Strukturen** (Aufbau-Organisation) durch:

   a) Schaffen von organisatorischen Einheiten (Elementen, Subsystemen) wie Stellen, Organe, Abteilungen, Referate, Basisgruppen usw.;

   b) Verteilen von Aufgaben, Kompetenzen und Verantwortung auf diese Organisationseinheiten;

   c) Verknüpfung der Einheiten durch Festlegung und Regelung der Beziehungen zwischen diesen Einheiten (z.B. hierarchische Unterstellungs-/Weisungsverhältnisse, Arbeits- und Kommunikations-Beziehungen).

2) **Die Gestaltung von Prozessen** (Ablauf-Organisation):

   a) des Managements: Ablauf der Willensbildung, der Entscheidungsfindung, der Zielsetzung und Planung usw.;

141

b) der Ausführung: Vollzug der Arbeit, Formularwege, Informationsweitergabe usw.

Strukturen und Prozesse werden einerseits bewusst und gezielt gestaltet und in Reglementen, Stellenbeschreibungen, Arbeitsanweisungen usw. festgelegt. Dies ist die **formale Organisation**. Daneben beziehungsweise in Ergänzung oder gar Abänderung solcher formalen Regeln entwickeln sich in allen sozialen Systemen auch spontane oder gewohnheitsmässige Strukturen, Abläufe, Beziehungen, die wir als **informale (informelle) Organisation** bezeichnen. Informelle Phänomene sind eher negativ zu werten, wenn sie formale Regeln ausser Kraft setzen und dadurch einen grundsätzlich reibungslos funktionierenden Ablauf störungsanfällig machen. Sehr oft sind aber formale Regeln veraltet oder nicht vorhanden, so dass die informalen Regeln eine Lücke füllen und deshalb einen positiven Beitrag an das Geschehen in der NPO leisten. Wird die Formalisierung auf die Spitze getrieben und eine so hohe Regelungsdichte erreicht, dass sie lähmend und blockierend wirkt und jegliche Flexibilität verhindert, dann spricht man von **Überorganisation** oder von Bürokratie. Eine **Unterorganisation** dagegen stellen wir fest, wenn Regeln fehlen, welche das Funktionieren des Systems erleichtern würden.

Bei diesen letzteren Begriffen knüpft das Konzept der **Selbstorganisation** an. Die neuere Managementlehre hat klar gezeigt, dass mit zunehmender Grösse einer Organisation und der Komplexität der von ihr zu lösenden Probleme der Regelung entlang der Hierarchie, von oben nach unten, rasch Grenzen gesetzt sind, und dass ein Gesamtsystem effizienter und anpassungsfähiger arbeitet, wenn seine Teile (Organisationseinheiten) sich im Rahmen übergeordneter Richtlinien weitgehend selber gestalten (organisieren und planen) können. Die von den vorgesetzten Organen geschaffene "Unterorganisation" wird dann nicht mehr als Lücke aufgefasst, sondern als unerlässlicher Handlungs- und Gestaltungsspielraum für die nachgeordneten Einheiten.

Mit der Selbstorganisation hängt auch der Begriff der **Organisationsentwicklung** (OE) zusammen. OE geht von der Zielsetzung aus, die Mitarbeitenden so zu befähigen, dass sie die in ihrem Bereich anfallenden Probleme weitgehend selber lösen und deshalb auch die Strukturen und Prozesse partizipativ oder gar selbstorganisierend (mit-)gestalten können.

Diese letzteren Überlegungen zeigen deutlich, wie eng Organisation mit Führung und Steuerung zusammenhängt, weil diese drei Management-Aufgaben unmittelbar und in gleicher Weise von der herrschenden Management-Philosophie und dem Menschenbild geprägt werden.

Zusammenfassend beinhaltet deshalb "Organisation" im instrumentellen Sinne alle Aufbau- und Ablaufregeln, innerhalb derer Management- und Ausführungs-Aufgaben zu bewältigen sind. Im Managementbereich umfasst sie die Verteilung der Zielsetzungs-, Planungs- und Kontrollaufgaben sowie der Führungsverantwortung auf die verschiedenen Stellen und die Gestaltung der für die Aufgabenerfüllung notwendigen Informations-, Entscheidungs- und Durchsetzungs-Prozesse.

4.3.2 Organisatorische Gestaltungsvariablen

Zur Schaffung der instrumentellen Organisation stützen wir uns auf eine begrenzte Zahl von Variablen. Diese beinhalten je unter einem anderen Gesichtspunkt die Art und Weise, wie Organisationseinheiten zu schaffen, Aufgaben und Kompetenzen zu verteilen und Beziehungen zu gestalten sind. Es sind dies:

1) **Aufgabengliederung**. Diese Variable umfasst einen qualitativ-inhaltlichen und einen quantitativen Aspekt.

   a) Qualitativ-inhaltlich geht es um **Kriterien**, nach denen die Aufgaben aufgeteilt und verschiedenen Organisationseinheiten zugeordnet werden. Für NPO relevante Kriterien sind:

   - **Aufgabengliederung** im engern Sinne, zum Beispiel Gliederung einer Geschäftsstelle in Abteilungen Sozialpolitik, Öffentlichkeitsarbeit, Finanzen und Verwaltung

   - **Leistungsgliederung**, zum Beispiel Schaffen von Beratungsdienst, Schulungsabteilung, Informationsdienst

143

- **Fachgliederung**, zum Beispiel Schaffen von Fachgruppen der Mitglieder in einem Textilverband (Spinnereien, Webereien usw.)
- **Regionalgliederung**, zum Beispiel Gründung von dezentralen Regionalsekretariaten als "Filialen" des zentralen NPO-Betriebes
- **Funktionsgliederung**, zum Beispiel Zuteilung der Entscheidungs-Vorbereitungs-Funktion an den Geschäftsführer, der Entscheidungsfunktion an den Vorstand.

b) Der quantitative Aspekt umfasst das **Ausmass** der Aufgabenverteilung auf die Organisationseinheiten. Dazu gehören zwei unterschiedliche Variablen:

- **Dezentralisierung** meint **horizontal** die "Ausgliederung" von Teilaufgaben in angeschlossene, meist rechtlich selbständige Betriebe der NPO (z.B. Schulungsinstitut); **vertikal** dagegen die Zuweisung beziehungsweise Überlassung von Aufgaben an (dezentrale) regionale und/oder fachliche Einheiten, zum Beispiel in föderalistischen Systemen beziehungsweise mehrstufigen NPO.
- **Spezialisierung** beinhaltet das Ausmass der Arbeitsteilung beziehungsweise -zergliederung im Sinne von **Professionalisierung**, zum Beispiel durch Schaffung hochspezialisierter Stäbe, oder von **Dequalifizierung** als Folge allzu starker Zergliederung und Reduktion des Arbeitsumfanges (z.B. Fliessbandarbeit).

2) **Delegation** bedeutet die Übertragung von Aufgaben, Kompetenzen und Verantwortung von einer übergeordneten an eine untergeordnete Instanz, Einheit oder Stelle, zum Beispiel im Rahmen eines Management by objectives.

Das sogenannte Delegations-**Prinzip** schreibt vor, dass diese Übertragung soweit "hinab" in der Hierarchie erfolgen soll, wie noch das erforderliche Know-how für die Wahrnehmung dieses Handlungsspielraumes vorhanden ist.

3) **Partizipation** heisst die Teilhabe beziehungsweise Teilnahme einer untergeordneten Instanz an den Führungsaufgaben beziehungsweise Kompetenzen einer übergeordneten Instanz. Diese Teilnahme kann unter-

schiedliche Intensitätsgrade aufweisen (Information, Mitsprache, Mitbestimmung) und sich auf verschiedene Inhalte beziehen (Einbringen, Artikulieren von Interessen, Bedürfnissen und/oder Einbringung von Wissen, Erfahrung in den Entscheidungsprozess der übergeordneten Instanz).

4) **Formalisierung** im oben bereits angetönten Sinne bedeutet die bewusste Schaffung und offizielle Festlegung von Regeln, Normen, Anweisungen usw. Man spricht hier auch von Standardisierung oder Routinisierung, vor allem bei Arbeitsprozessen oder Informationsabläufen. Auch hier ist wiederum das Ausmass beziehungsweise die Regelungsdichte von erheblicher Bedeutung.

4.3.3 Die Aufbau-Organisation der NPO

Bei der Analyse und Gestaltung der Aufbau-Organisation geht man zweckmässigerweise von Gesamtstruktur-Modellen aus. Das Modell "Mehrstufige Vereine/Verbände" (*Abbildung 43*) basiert auf einer Struktur mit teils dezentralen, teils zentralen Einheiten, die aufgrund einer möglichst rationalen Aufgaben- und Kompetenzgliederung miteinander zu verknüpfen sind, unabhängig davon, ob die dezentralen Basisgruppen rechtlich selbständige Vereine sind oder nicht. Denn es ist unerlässlich, dass Zentrale und Dezentralen in zahlreichen Aufgaben eng zusammenarbeiten und dass das dezentrale Verhalten durch zentral gefasste Beschlüsse koordiniert werden kann. Nur so gelangt die Gesamtorganisation zu einer für ihre Akzeptanz und ihren Erfolg unerlässliche "Corporate Identity".

Abbildung 43: Modell der mehrstufigen Gesamtstruktur von Vereinen/Verbänden ("Inventar" möglicher Organisationseinheiten)

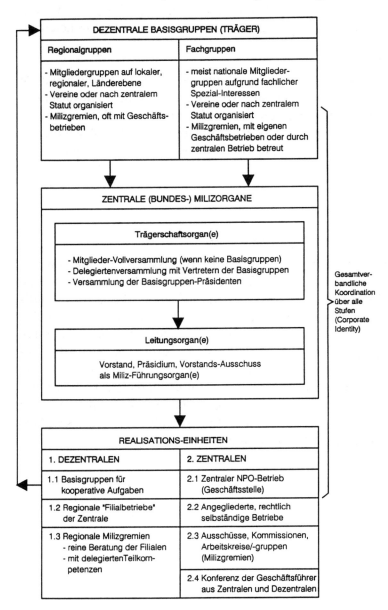

Auf der Ebene der **zentralen (Miliz-)Organe** haben als Organisationsgrundsätze zu gelten:

1) Die Zahl der Organe ist zu minimieren!

2) Volle Repräsentativität bezüglich der Basisgruppen ist vor allem in Delegiertenversammlungen und Versammlungen der Basisgruppen-Präsidenten zu realisieren!

3) Jede NPO braucht ein kleineres Miliz-Führungsorgan (7 bis 9 Personen), welches mit eigenen Kompetenzen ausgerüstet ist und mit der Geschäftsführung zusammen das Top-Management bildet!

Im Bereich der **zentralen Realisations-Einheiten** sind für eine effiziente Organisation zu fordern:

1) Die **Geschäftsstelle** (NPO-Betrieb) ist in möglichst wenige, homogene Führungsbereiche zu untergliedern. Deren Leiter bilden zusammen mit dem Geschäftsführer die Geschäftsleitung als kooperatives Team für Meinungsbildung und Koordination!

2) Die **angegliederten, rechtlich selbständigen Betriebe** (GmbH, AG) sind soweit wie möglich in die Führungsstrukturen zu integrieren und durch personelle Verflechtungen auf Miliz- und Profiebene möglichst eng an die NPO "anzubinden", weil auch hier die "Corporate Identity" sicherzustellen ist!

3) **Ausschüsse/Kommissionen** sind meistens als reine Stabs-/Beratungsgremien zu institutionalisieren und nach klaren Zielen und Regeln zu führen!

Auch das Modell **"Stiftung"** (*Abbildung 44*) zeigt eine (mögliche und in der Praxis teils realisierte) Struktur mit zentralen und dezentralen Einheiten. Die Stiftungsform ist zwar vom Zweck her unflexibel, beziehungsweise lassen die staatlichen Aufsichtsbehörden nicht ohne weiteres eine Abänderung des einmal festgelegten Stiftungszweckes zu. Hingegen bietet sie organisatorisch beträchtliche Freiräume, insbesondere in der Zahl und Zusammensetzung der Organe. So kann sich in vielen Fällen das oberste Organ durch **Kooptation** selber ergänzen und so eine Berufung qualifizierter und/oder "repräsentativer" Personen sicherstellen. Oder es können andere

Abbildung 44: Modell einer zentralen Stiftung mit dezentralen Einheiten ("Inventar" möglicher Organisationseinheiten)

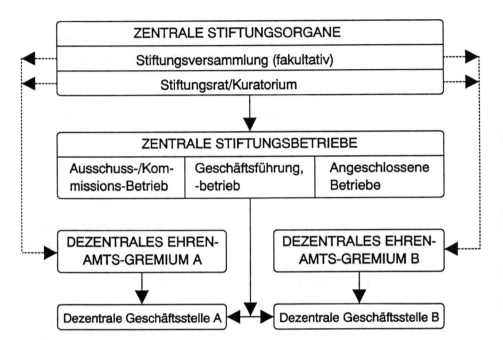

Organisationen als eigentliche Mit-Träger der Stiftung gewonnen werden, die sich dauernd mit-verantwortlich fühlen und permanent Vertreter in die Stiftungsorgane entsenden.

Die dezentralen Einheiten werden insbesondere dann gebildet, wenn Stiftungsleistungen nahe an die Benutzer, Klienten herangebracht werden müssen (z.b. Sozialberatung). Wiederum fakultativ können den dezentralen Geschäftsstellen auch je eigene Ehrenamtsgremien beigegeben werden, welche der regionalen Abstützung der Stiftung und der Beratung der Geschäftsstelle dienen. Ihnen werden teils sogar Entscheidungskompetenzen übertragen, was zu einer oft nicht leicht handhabbaren Doppelunterstellung der Geschäftsleiter führt. Will man diesen Ehrenamts-Gremien eine Mitwirkung auf zentraler Ebene einräumen, so werden deren Präsidenten/Vorsitzende zu Konsultativ-Konferenzen einberufen oder man gewährt ihnen – neben anderen Personen (z.B. aus den "Träger"-Organisationen) – sogar Sitz und Stimme in der Stiftungsversammlung.

Für die übrigen Organisationseinheiten gelten die Ausführungen über den Verein/Verband analog.

4.3.4   Ablauforganisatorische Aspekte

Ablauforganisation bedeutet Prozessgestaltung. Prozesse laufen sowohl im Management-/Führungsbereich wie auf der Ebene der Ausführung (Arbeitsvollzug, Kommunikation) ab. Wesentliche Elemente der Management-Prozesse wurden in Abschnitt *4.1* (Entscheidungs-/Problemlösungsprozesse) abgehandelt. Das in *Abbildung 35* dargestellte Phasenmodell ist gleichzeitig ein ablauforganisatorisches Schema, welches die Abfolge einzelner Arbeitsschritte sowie teilweise Kompetenzzuordnungen an die Prozessbeteiligten aufzeigt. Weitere Aspekte von Management-Prozessen sind Gegenstand von Abschnitt *4.5*, wo es um besondere Fragen der Ablaufgestaltung von Reorganisationen und Innovationen geht.

4.4   Das Steuerungs-System: Zielsetzung, Planung, Controlling

4.4.1   Planung: Begriff und Inhalt

Das Steuerungs-System umfasst jene Instrumente, Methoden und Verfahren, welche die **Zukunftsorientierung** der NPO sicherstellen. Dazu gehören:

1) die **Problem-(Früh-)Erkennung** aufgrund von Analysen der Umwelt-Entwicklung und des Ist-Zustandes der NPO selber;

2) die **Planung** der Tätigkeiten, Aktionen, Leistungen, Potentialentwicklungen auf den verschiedenen Stufen;

3) die Bestimmung von **Zielen, Massnahmen und Mitteln** auf den verschiedenen Planungsstufen;

4) die **Kontrolle** der Zielerreichung, Planrealisierung;

5) das **Controlling** als unterstützende Informations-Aufbereitung für die Aufgaben 1) bis 4).

Mit Hilfe des Steuerungs-Systems sollen Entwicklung und Tätigkeiten des Verbandes und der NPO zukunftsorientiert und aktiv gestaltet werden. Planen heisst, künftige Handlungen vor-entwerfen, Vor-Entscheide fällen und die Richtung festlegen, in der die NPO oder ihre Teile "marschieren" sollen. Ziele setzen, planen und kontrollieren ist daher die zentralste und "vornehmste" Management-Aufgabe, ja geradezu ein Gebot, das auch ins Pflichtenheft jedes NPO-Managers gehört:

"Du sollst planen, weil Du

1) durch Vorausschauen künftige Entwicklungen erkennen kannst, die für Dich zu Problemen werden;

2) Dir durch die Vorausschau Zeit einhandelst, um diese Problemlösungen frühzeitig-rechtzeitig an die Hand zu nehmen beziehungsweise agierende Entscheide zu treffen, um nicht unter Sachzwang und Zeitdruck (ständig) Feuerwehrübungen abhalten zu müssen;

3) nur dadurch die komplexen Beziehungen und Abhängigkeiten zwischen all Deinen Aufgaben (Tätigkeiten, Projekten, Aktionen) und den damit

befassten Organen und Mitarbeitern inhaltlich und zeitlich fruchtbar und konfliktfrei koordinieren kannst."

Planung als Thema und Gegenstand kann auch durch den sogenannten Planungswürfel (*Abbildung 45*) umschrieben werden. Diese Darstellung ist wie folgt zu interpretieren:

Abbildung 45: Der Planungswürfel

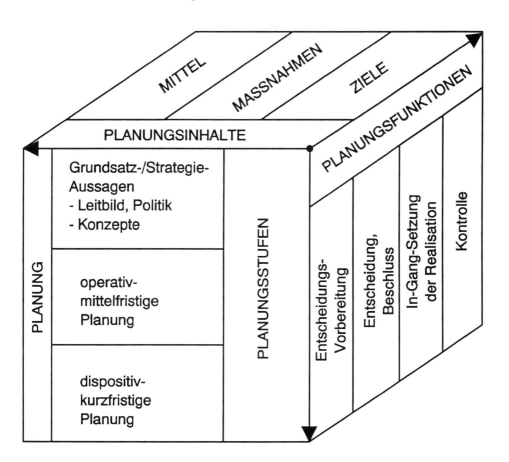

1) Planung erfolgt auf verschiedenen Stufen, welche Bausteine eines vollständigen Zielsetzungs-, Planungs- und Controlling-Systems und damit des Systems der Management-Instrumente gemäss *Abbildung 46* sind.

2) Auf allen Stufen sind grundsätzlich als formelle Planungsinhalte Ziele, Massnahmen und Mittel zu bestimmen. Diese Phasen des Planungsvorgangs sind nicht nur zeitlich-logisch hintereinandergereiht, sondern unterliegen mindestens teilweise einer "Simultan-Bestimmung". Das bedeutet, dass Ziele nicht in luftleerem Raum formuliert werden können, sondern durch den Entwurf möglicher Massnahmen und die Abschätzung der verfügbaren Mittel auf die Ebene der Realität, der Möglichkeiten, "heruntergeholt" werden müssen. Wir betrachten demnach Ziele als **Bestandteile** (Inhalte) der Planung und nicht als der Planung vor- oder übergelagerte Grössen.

3) Planung läuft als Entscheidungsprozess ab. Pläne (und mit ihnen Ziele und Massnahmen) werden als **verbindliche** Soll-Vorgaben festgelegt.

4.4.2 Das formale Planungs-System als Teil des Systems der Management-Instrumente

Die *Abbildung 46* zeigt (analog zu Abbildung 34) den schrittweisen Ablauf der Erarbeitung des Instrumenten-Systems mit den drei im Zentrum stehenden Planungsstufen (Planungs-System im engeren Sinn). Dieses Modell ist wie folgt zu charakterisieren:

1) Planung betrachten wir als **Informations-Sammlungs- und -Verarbeitungs-Prozess**. "Ausgangs-, Begleit- und Abschluss"-Informationen schaffen die Grundlagen für die Planerarbeitung, ermöglichen eine periodisch-laufende Überprüfung der Problemlösungs-Gerechtheit der eingeschlagenen Plan-Richtungen und gewährleisten die Kontrolle/Evaluation der Planerfüllung. Diese Informations-Aufgabe als Teil des Planungsprozesses wird heute auch als **Controlling** bezeichnet (Abschnitt *4.4.4*).

152

Abbildung 46: System der Management-Instrumente: Ablaufschema, mit den Planungsstufen im Zentrum

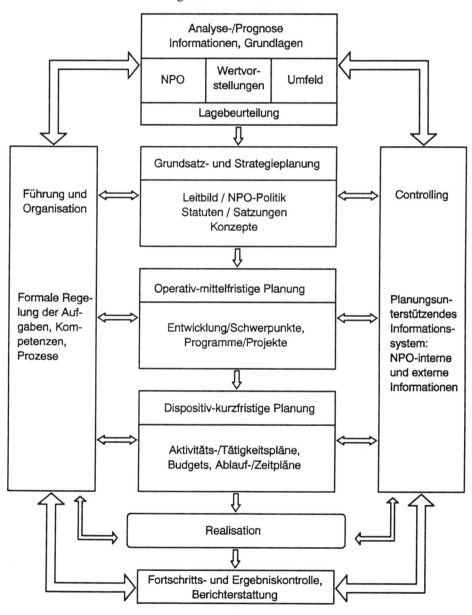

2) Die Stufenfolge basiert auf einer **Plan-Hierarchie** (Verhältnis von Über-/Unterordnung) in dreifacher Hinsicht:

- **Zeitliche Reichweite**: Grundsatz- und Strategiepläne sind für unbestimmte Zeithorizonte gültig, operative Pläne decken den mittleren Bereich zwischen zwei bis fünf Jahren ab, operativ-dispositive Pläne sind kurzfristig (ein Jahr und weniger).

- **Konkretisierungsgrad**: Mit absteigender Stufe nimmt er laufend zu, von Grundsätzen/Strategien über operative Schwerpunkte zu konkret-detaillierten Jahresplänen.

- **Zeitlich-logische Abfolge**: Der Aufbau, die Entwicklung eines Plansystems soll "oben" bei den Grundsätzen beginnen, die dann schrittweise in aufeinanderfolgende Pläne der unteren Stufen umzusetzen sind, wobei sich jede Stufe aus der oberen ableitet.

4.4.3   Das Konzept der "Steuerung"

Da Pläne durch Entscheide zu "offiziellen" Soll-Vorgaben werden, stellen sich aus organisatorischer Sicht zwei Fragen:

- Wie sind die Kompetenzen zur Genehmigung (Entscheid) der einzelnen Pläne auf die Organe und Stellen zu verteilen?

- Wie arbeiten Entscheider und Entscheidungs-Vorbereiter im Planungsprozess zusammen (Verfahrensfrage)?

Um diese Fragen zu beantworten, benötigen wir erneut ein Modell, das uns Anhaltspunkte für eine effiziente Kompetenzverteilung und Verfahrensregelung gibt. Das **Konzept der Steuerung** beinhaltet eine solche "Anweisung" zur Erfüllung der Planungsaufgaben. Unter Steuerung verstehen wir:

Lenkung eines Systems beziehungsweise seiner Teile durch eine übergeordnete Instanz

- mittels richtungsweisenden, rahmensetzenden Soll-Vorgaben (Ziele, Pläne, Grundsätze), d.h. mittels der Steuerungs-/Planungs-Instrumente,

- an eine nachgeordnete Instanz, welche mit Handlungs-Spielraum beziehungsweise Entscheidungs-Kompetenz und Mitteln zur Zielerreichung (Soll-Vorgabe) ausgerüstet ist,
- wobei sich die übergeordnete Instanz auf Fortschritts- und Ergebniskontrolle beschränkt.

In diesem Sinne ist "Steuerung" das Ergebnis eines besonderen Managementstils, des sogenannten "**management by objectives and by exceptions**" (mbo + mbe, Führung durch Zielsetzung und nach dem Ausnahmeprinzip). Mbo + mbe beruhen auf den Prinzipien:

- **partizipative** Vereinbarung der Soll-Vorgaben (Ziele, Pläne, Grundsätze, Aufträge) zwischen übergeordneter und nachgeordneter Instanz;
- **Delegation** von Handlungsspielräumen und Entscheidungskompetenzen an die nachgeordnete Instanz zur Zielerreichung beziehungsweise Planerfüllung.

Das bedeutet,

1) dass die Plan-Genehmigungs-Kompetenzen jenen Organen, Stellen zugewiesen werden müssen, für welche sie ein notwendiges Steuerungsinstrument gegenüber den nachgeordneten Instanzen darstellen;

2) dass Verfahren zu bestimmen sind, welche die geforderte gemeinsampartizipative Erarbeitung und Vereinbarung der Soll-Vorgaben ermöglichen. Hier geht es erneut um die Minimierung des "completed staffwork", da ja in der Regel die nachgeordnete Instanz (z.B. die Geschäftsführung) die Pläne vorbereitet und die übergeordnete Instanz (z.B. Vorstand) dieselben dann nur noch absegnen, aber nicht (mehr) wesentlich materiell mitprägen kann. Zu diesen partizipativen Verfahrensmethoden gehören:

- die **Kooperative Interaktion** als Modell des workshopartigen Zusammenwirkens von Milizführungsorgan und Geschäftsleitung bei der Erarbeitung von Schwerpunkts-Zielen und -Plänen
- das "**Splitting**" als Aufteilung des Problemlösungsprozesses in eine Grundsatzphase und eine Detailphase
- die **Vernehmlassung/Anhörung** "breiter Kreise" der NPO zu vorgelegten Grundsatz-Entwürfen.

155

4.4.4 Controlling

Controlling beinhaltet die Kontrolle, ist aber mehr als diese. Nach heutiger Auffassung bedeutet Controlling die systematische, vernetzte Bereitstellung von Entscheidungs- und Kontroll-Informationen im Bereich des Zielsetzungs- und Planungs-Systems. Dabei geht es um alle Informationen, die auf allen Planungsstufen verwendet werden. Controlling bedeutet also **Management des planungs- und kontrollbezogenen Informations-Systems**. Das Controlling ist demnach auch zuständig für die Fragen, welche Informationen auf welcher Stufe zu beschaffen und in welcher Form sie aufzubereiten sind, damit sachgerechte Planungsentscheide gefällt und effiziente Kontrolle (z.B. aufgrund eines formalisierten Berichtsystems mit Kennziffern) ausgeübt werden kann.

Sofern dem Controller (mit Controlling befasster Funktionsträger) auch die Verantwortung für die "Planerstellung" (wie ist ein Plan zu erarbeiten und wie sind die Pläne darzustellen, z.B. ein Leitbild, strategische Planung) übertragen wird, so wird er gleichzeitig zum Manager des Planungs-Prozesses und des Planungs-Systems.

Zweifellos ist das gesamte **Rechnungswesen** ein wesentliches Controlling-Instrument, deckt aber eben nur den finanziell-quantitativen Informationsbereich und damit vorwiegend den operativen Bereich ab, nicht jedoch die qualitative Dimension, die zum Beispiel im strategischen Controlling dominant wichtig ist.

Wichtig ist: Der Controller selbst **trifft nicht** die Planungsentscheide! Er liefert dazu die Informationen und organisiert allenfalls den Planungsprozess. Er unterstützt die Entscheidungsinstanzen und regt Innovationen an. Damit trägt er eine Mit-Verantwortung für die Erfolgssicherung der NPO in der Zukunft und die Gewährleistung der Effizienz in der Planerfüllung.

4.5 Das Innovations-/Reorganisations-System

Dieses Teilsystem umfasst die Gesamtheit der Elemente (Handlungen, Aktivitäten) des Management-Systems, welche die

- Anpassung
- Veränderung
- Entwicklung/Innovation

der NPO oder einzelner ihrer Teilbereiche gewährleisten beziehungsweise die Anpassungs-, Veränderungs-, Innovations-(A/V/I-)Prozesse einleiten, gestalten und durchführen.

Auszugehen ist von der Tatsache, dass die meisten Elemente des NPO-Systems gleichzeitig zu bewältigen sind:

- repetitive Aufgaben: gleichbleibende, routinierte, standardisierte Arbeitsprozesse
- innovative Aufgaben: Lösung neuer, bisher unbekannter Probleme
  - · sporadisch anfallend - oft komplex, schlecht strukturiert
  - · mit dem Risiko des Scheiterns/Versandens behaftet.

Diese innovativen Aufgaben stehen hier zur Diskussion, weil sie besondere Probleme aufwerfen und auch spezifische Kenntnisse und Methoden zu ihrer Lösung bedürfen. Dabei beschränken wir uns erneut auf den formalen Aspekt dieser Prozesse, unabhängig vom Innovationsinhalt, der Ziele, Leistungen, Potentiale und Methoden/Verfahren betreffen kann.

Erfolgreiches Innovations-Management beruht auf einigen Grundprinzipien:

1) Innovationen erzeugen **Widerstände** bei den Betroffenen! Veränderungen bewirken – je nach "Tiefgang" – Verunsicherung, neue Anforderungen, Gefährdung erreichter Positionen usw. Innovationen zu verkraften, setzt oft Einstellungs- und Verhaltensänderungen sowie Lernprozesse, also einen "Zusatzaufwand", voraus. Diese Schwierigkeiten führen zu Abwehrhaltungen und Status-quo-Verteidigung.

2) Innovationsprozesse benötigen intensive **Promotion**, um nicht zu versanden. In dieser Prozess- und Ergebnis-Promotion sind drei Funktionen/

Rollen durch eine oder mehrere Personen wahrzunehmen, wie *Abbildung 47* (in Anlehnung an das Episoden-Modell von *Abbildung 36*) aufzeigt.

Abbildung 47: Promotoren-Modell: Funktionen in Anpassungs-/Ver-
änderungs-/Innovations-(A/V/I-)Prozessen

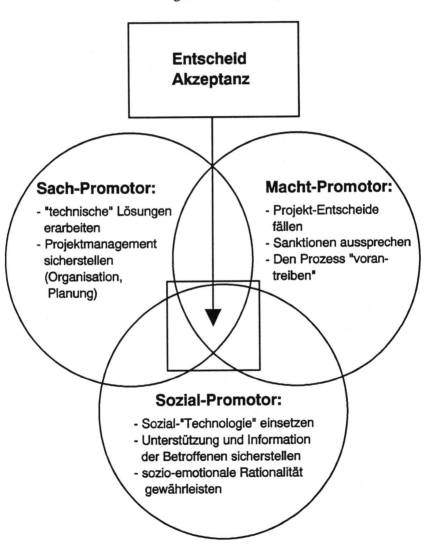

3) Da die **sozio-emotionale Dimension** von hoher Bedeutung ist, sind wo immer möglich die Betroffenen zu Beteiligten zu machen, Partizipation sicherzustellen und das Akzeptanz-Ziel als vorrangig zu verfolgen. Wird dieser Aspekt vernachlässigt und die Innovation autoritär aufgezwungen, so blockieren die "aufkommenden" Widerstände die Realisation der Innovationsentscheide.

4) Innovationen, Reorganisationen sind in der Regel über eine **sekundäre Projekt-Organisation** abzuwickeln, mit Einsatz von speziellen Projekt-gruppen, erweiterten Entscheidungsgremien und Einbezug "breiter Kreise" über Vernehmlassungs-/Anhörungsverfahren.

Erfolgreiches Management manifestiert sich in hohem Masse in der Fähig-keit, Innovationen zügig, störungsfrei und akzeptanzorientiert zu realisieren.

5. Zusammenfassung und Ausblick

Das Freiburger Management-Modell für NPO erfüllt einen dreifachen Zweck:

a) Es soll **beschreibend** dem Leser die NPO als Gesamtsystem verständlich machen und dabei die Besonderheiten dieser Organisation – im Vergleich zur Unternehmung – herausarbeiten.

b) Es bietet einen Überblick über die **Grundbegriffe** der Managementlehre von NPO.

c) Es enthält eine **systematische Ordnung** beziehungsweise ein vernetztes Grundgerüst der von der Lehre zu behandelnden Themenfelder.

In diesem Sinne will dieses Buch eine **Einführungsschrift** sein, anhand derer sich der Leser mit den NPO und ihrer Managementlehre vertraut machen kann. Von dieser Konzeption her hat das Buch zweifellos viele Fragen aufgeworfen und offen gelassen. Wenn es uns aber gelungen ist, einen systematischen Einstieg in die Thematik zu vermitteln, so hat die Schrift ihren Zweck erfüllt. Sollte sie sogar zu einer vertiefteren Beschäftigung mit dem Thema angeregt haben, so würde uns das freuen. Denn wir sind überzeugt, dass die NPO zwingend einer (vermehrten) Professionalisierung des Managements bedürfen.

Dieses Ziel lässt sich aber nur erreichen, wenn einerseits die Lehre intensiv an der Weiterentwicklung der Inhalte arbeitet, und andererseits die NPO-Manager (auf Miliz- und Profiseite) bereit sind, die Herausforderung der "éducation permanente" anzunehmen und sich aktiv mit den neuen Inhalten auseinanderzusetzen. Dazu scheinen Sie, lieber Leser, liebe Leserin, auf dem besten Wege zu sein!

Weiterführende Literatur

Die Ausführungen zum **Freiburger Management-Modell für NPO** basieren auf den Arbeiten im Rahmen des FORSCHUNGSINSTITUTS FÜR VERBANDS- UND GENOSSENSCHAFTS-MANAGEMENT (VMI) an der Universität *Freiburg/Schweiz*. Insbesondere wird auf die seit 1976 vom Institut publizierte Zeitschrift **Verbands-Management** hingewiesen.

a) NPO allgemein (Management, Bedeutung)

BLÜMLE ERNST-BERND/SCHWARZ PETER (Hrsg.): Wirtschaftsverbände und ihre Funktion. Darmstadt: Wissenschaftliche Buchgesellschaft, 1985.

BORTIS HEINRICH: Verbände in der Sicht ökonomischer Theorien, in: Verbands-Management, Nr. 1/1992, S. 10-19.

FORSCHUNGSSTELLE FÜR VERBANDS- UND GENOSSENSCHAFTS-MANAGEMENT (FST): Sammelwerk zum zehnjährigen Bestehen, Universität Freiburg/Schweiz. 1. Aufl. 1986, 2. unveränderte Aufl. 1991.

PURTSCHERT ROBERT: Zur Bedeutung des intermediären Sektors, in: Die Wirtschafts- und Sozialwissenschaften, Erinnerungsband Universität Fribourg zur Hundertjahrfeier. Freiburg 1990, S. 273-278.

SCHWARZ PETER: Erfolgsorientiertes Verbands-Management. Sankt Augustin: Asgard-Verlag, 1984.

SCHWARZ PETER: Management-Brevier für Nonprofit-Organisationen. Bern/ Stuttgart/Wien: Verlag Paul Haupt, 1996.

b) Management-System

GIROUD CHARLES: Teilautonome Gruppen - Ein zukunftsorientiertes Struktur-Modell für Nonprofit-Organisationen, in: Verbands-Management, Nr. 2/1992, S. 22-27.

GITZ CHRISTOPH: Verbände und rationelle Energienutzung - Einbezug der Verbände zur Durchsetzung der Energiesparpolitik des Bundes auf der Ebene von kleinen und mittleren Gewerbe- und Dienstleistungsbetrieben. Diss., Universität Freiburg/Schweiz 1993.

HILL WILHELM: Unternehmenspolitik und Verbandspolitik, in: Die Unternehmung, Nr. 4/1992, S. 217-228.

KOHLER STEPHAN: Organisationsmittel in Nonprofit-Organisationen, in: Verbands-Management, Nr. 3/1993, S. 24-35.

ROGGO JOSEPH: Konzeptionelle Grundlagen für ein strategisches Management in Wirtschaftsverbänden. Diss., Universität Freiburg/Schweiz 1983

RÖTHLISBERGER PETER: Die Weiterbildung als strategischer Erfolgsfaktor in Nonprofit-Organisationen, in: Verbands-Management, Nr. 1/1992, S. 20-24.

SCHWARZ PETER: Management in Nonprofit Organisationen - Eine Führungs-, Organisations- und Planungslehre für Verbände, Sozialwerke, Vereine, Kirchen, Parteien usw. Bern/Stuttgart: Verlag Paul Haupt, 1992. 2. Aufl. 1996.

c) Marketing

FÄH BRUNO/EBERSOLD WERNER/ZAUGG ROBERT: Geldsammeln im Dienste des Mitmenschen - Philosophie und Praxis des Fund Raising. Bern/ Stuttgart: Verlag Paul Haupt, 1991.

PURTSCHERT ROBERT: Möglichkeiten und Grenzen der Gemeinschaftswerbung, in: Zeitschrift für Betriebswirtschaft, Nr. 4/1988, S. 521-534.

PURTSCHERT ROBERT: Imagewerbung im Verband, in: Verbands-Management, Nr. 1/1989, S. 10-14.

PURTSCHERT ROBERT: Corporate und Cooperative Identity (CI/COOPI) in der Nonprofit-Organisation, in: FST-Seminar-Unterlagen Verbands-Management. Bonn 1990.

PURTSCHERT ROBERT: Weiterentwicklung der Marketingansätze und ihre Bedeutung für Non-Profit-Organisationen, in: Die Unternehmung, Nr. 4/1992, S. 277-291.

d) Rechnungswesen und Controlling

ETLIN ALBERT: Die Kapitalflussrechnung (= Finanzrechnung) in der NPO, in: Verbands-Management, Nr. 1/1994, S. 12-16.

ETLIN ALBERT/ETLIN JOHANNES-MELCHIOR: Grundlagen für den Aufbau eines Kennzahlensystems in der Nonprofit-Organisation, in: Verbands-Management, Nr. 2/1992, S. 31-41.

GRÜNIG RUDOLF: Die Kostenrechnung - Auch für Nonprofit-Organisationen ein wichtiges Führungsinstrument, in: Verbands-Management, Nr. 1/ 1991, S. 9-18.

IMBODEN FRANCIS: Ansätze des Auditing in Verbänden. Diss., Universität Freiburg/Schweiz 1987.

KATTNIGG ANDREAS: Controlling in Nonprofit-Organisationen, in: Verbands-Management, Nr. 2/1993, S. 27-37.

SCHAUER REINBERT: Die Kosten- und Leistungsrechnung als Führungsinstrument in Verbänden, in: Verbands-Management, Nr. 2/1985, S. 22-27.

SCHAUER REINBERT: Rechnungswesen in Verbänden, Anforderungen an dessen Leistungsfähigkeit, in: Die Unternehmung, Nr. 1/1987, S. 25-36.

Die Autoren

PD Dr. Peter SCHWARZ

Nach der Handelsmatura mehrjährige Praxis als Kaufmann in mehreren Betrieben.

1968 bis 1972 Lizentiat an der Hochschule St. Gallen für Wirtschafts- und Sozialwissenschaften (HSG).

4 Jahre Tätigkeit in Personalämtern kantonaler Verwaltungen. Ab 1976 Assistent und Oberassistent bei Prof. Dr. E.-B. Blümle, Universität Freiburg (Schweiz), später freier Mitarbeiter der Forschungsstelle für Verbands- und Genossenschafts-Management.

1979 Doktorat, 1981 Habilitation für Allgemeine Betriebswirtschaftslehre. Von 1979 bis 1981 Assistenzprofessor, von 1981 bis 1985 a.o. Professor an der Ecole des HEC, Universität Lausanne (Vorlesung über Personal, Organisation, Führung).

Heute Chefberater der B'VM (Beratergruppe für Verbands-Management, Bern) und wissenschaftlicher Mitarbeiter des *Forschungsinstituts für Verbands- und Genossenschafts-Management*. Zahlreiche Publikationen über Führungs- und Organisationsprobleme in Verbänden, Hilfs- und Sozialwerken, öffentlicher Verwaltungen und Betrieben.

Prof. Dr. Robert PURTSCHERT

Studium der Wirtschafts- und Sozialwissenschaften an der Hochschule St. Gallen (lic. oec. HSG) und der Universität Freiburg (Schweiz) (Dr. rer. pol.), 1970/71 Visiting Lecturer für International Business am College for Business Administration, University of Alabama (USA).

1971/72 Oberassistent am Lehrstuhl für Absatzpolitik (Prof. Dr. Dr.h.c. E.-B. Blümle) der Universität Freiburg. Mitbegründer der Forschungsstelle für Verbands- und Genossenschafts-Management an der Universität Freiburg.

1973 bis 1980 Marketingleiter in einem Pharmaunternehmen. Ab 1980 für Unternehmungen und Nonprofit-Organisationen tätig.

1985 Privatdozent an der Universität Freiburg, Lehrauftrag für Unternehmungskommunikation. Seit 1986 Geschäftsführer der Forschungsstelle für

Verbands- und Genossenschafts-Management (nebenamtlich). 1988 Titular-professor an der Universität Freiburg, Vorlesungen über Unternehmungs-kommunikation, Management für Nonprofit-Organisationen. 1993 Ernen-nung zum ausserordentlichen Professor.
Spezielle Interessengebiete: Marketing für Nonprofit-Organisationen, Kommunikationsaufgaben für Nonprofit-Organisationen, Unternehmungs-kommunikation.

Dr. Charles GIROUD

Studium der Betriebswirtschaft an der Universität Freiburg (Schweiz), an-schliessend promovierte er an der Forschungsstelle für Verbands- und Ge-nossenschafts-Management mit einer Dissertation aus dem Gebiet der Ver-bände im Umfeld parastaatlicher Aufgabenerfüllung. 1983 war er Mitbe-gründer der Firma B'VM (Beratergruppe für Verbände und Nonprofit-Orga-nisationen) mit Sitz in Bern. Er ist Geschäftsführer der B'VM und übt viel-fältige Mandate als Berater, Verbandspräsident und Verbandssekretär in der Schweiz und im benachbarten deutschsprachigen Ausland aus. Er ist Dozent am Postgraduate Lehrgang für Verbands- und Nonprofit-Management an der Universität Freiburg (Schweiz).

Sachregister

Peter Schwarz

Management
in Nonprofit-Organisationen

2. Auflage, 622 Seiten, 129 Abbildungen,
gebunden Fr. 88.– / DM 98.– / öS 716.–
ISBN 3-258-05212-3

Direktoren, Geschäftsführer, Präsidenten und Vorstandsmitglieder von
NPO mit mitgliedschaftlicher Struktur und/oder Führung durch Ehrenamtsträger haben die Zeichen der Zeit erkannt: Auch ihre nicht erwerbs-
wirtschaftlich orientierten Gebilde bedürfen heute und morgen mehr denn
je eines professionellen Managements.
Bisher hat aber die Betriebswirtschafslehre diese NPO stark vernachlässigt.
Für Praktiker und Studierende sind kaum Publikationen verfügbar, welche
das Thema systematisch, umfassend und allgemein verständlich abhandeln.
Diese Lücke schliesst das Buch. Aufbauend auf früheren Arbeiten und lang-
jähriger Beratererfahrung im NPO-Bereich behandelt der Autor ausführlich
Probleme

· des Verständnisses und der Funktionsweise der NPO,

· der Zielsetzung, Planung und Kontrolle mit Erläuterungen zum methodi-
  schen Vorgehen,

· der Aufbauorganisation, wie auch der Gestaltung der Ablauforganisation
  (Willensbildung, demokratische Entscheidungsprozesse, Projektorgani-
  sation),

· der allgemeinen Managementprinzipien, welche in diesen Organisationen
  zwecks Effizienzverbesserung Anwendung finden müssen.

Verlag Paul Haupt Bern · Stuttgart · Wien

Prof. Dr. Dr. h.c. Hans Ulrich / Prof. Dr. Gilbert J.B. Probst

Anleitung zum ganzheitlichen Denken und Handeln

Ein Brevier für Führungskräfte

4., unveränderte Auflage,
322 Seiten, 36 farbige Abbildungen, 80 Grafiken
gebunden Fr. 62.– / DM 69.– / öS 504.–
ISBN 3-258-05182-8

Der Ruf nach «Umdenken» ist unüberhörbar geworden und geht quer durch alle Bereiche der Gesellschaft. Er wird von Politikern, Wirtschaftsführern und Wissenschaftern ebenso erhoben wie vom Mann auf der Strasse. In den unterschiedlichsten Zusammenhängen wird eine neue, ganzheitliche Denkweise gefordert. Gemeint ist damit ein integrierendes, zusammenfügendes Denken, das auf einem breiteren Horizont beruht, von grösseren Zusammenhängen ausgeht und viele Einflussfaktoren berücksichtigt, das weniger isolierend und zerlegend ist als das übliche Vorgehen. Ein Denken also, das mehr demjenigen des viele Dinge zu einem Gesamtbild zusammenfügenden Generalisten als dem analytischen Vorgehen des auf ein enges Fachgebiet beschränkten Spezialisten entspricht.

Die Bausteine des ganzheitlichen Denkens werden ausführlich erläutert und eine Methodik entwickelt, die für die Bewältigung unserer komplexen Probleme mehr und mehr notwendig wird. Es sind jene Probleme, die sich dem handelnden Menschen von heute stellen. Die typischen Merkmale solcher Problemsituationen in allen Gesellschaftsbereichen lassen sich mit Vernetztheit, Komplexität, Rückkoppelung, Instabilität und anderen Ausdrükken beschreiben. Ein rationales Verhalten und Führen in solchen Situationen setzt die Anerkennung dieser Charakterlisten der heutigen Welt voraus und verlangt ein vernünftiges Umgehen damit.

Dieses Buch ist zudem eine praktische Anleitung für Führungskräfte in Wirtschaft, Politik, Gesundheitswesen und vielen anderen Bereichen der Gesellschaft.

Verlag Paul Haupt Bern · Stuttgart · Wien

Paula Lotmar / Edmond Tondeur

Führen
in sozialen Organisationen

Ein Buch zum Nachdenken und Handeln

5., unveränderte Auflage, 259 Seiten, 8 Grafiken
gebunden Fr. 58.– / DM 69.– / öS 504.–
ISBN 3-258-05490-8

Dass Führen auch in sozialen Organisationen unumgänglich ist, wird zwar zunehmend erkannt. Unklar und von zahlreichen Vorbehalten umstellt bleibt dennoch die Frage nach dem Wie und dem Wieviel, nach dem jeweils geeigneten Führungsstil, den jeweils tauglichen Führungsinstrumenten. Die Autoren haben ihre langjährige Erfahrung in der Organisations- und Führungsberatung in einem Buch festgehalten, das sich in Inhalt, Aufbau und Sprache nach den Erfordernissen der Praxis ausrichtet. Sie wollen denjenigen in sozialen Leitungsaufgaben Mut machen, die sich eher oft ohne grosse Begeisterung des Führens angenommen haben. Grosses Gewicht legen sie darauf, Führen nicht kurzerhand auf die Wahl der geeigneten Person einzuschränken, sondern als Prozess zu gestalten, an dem sich viele beteiligen müssen. Führen als bewusstes Handeln in vernetzten Bezügen klammert die Machtfrage nicht aus, beleuchtet sie aber in einem erweiterten Zusammenhang.

Verlag Paul Haupt Bern · Stuttgart · Wien

Jean-Marcel Kobi

Management des Wandels

2., überarbeitete Auflage, 155 Seiten
gebunden Fr. 42.– / DM 47.– / öS 343.–
ISBN 3-258-05410-X

Wandel verunsichert, beunruhigt zunächst. Das gilt auch für Unternehmungen. Es gibt jedoch keine Alternative zum Wandel.

Facettenreicherer und immer schnellerer Wandel von aussen und innen wird für die Unternehmungen immer mehr zur unausweichlichen Herausforderung.

Erfolgreich werden jene Unternehmungen sein, die den Wandel als Chance begreifen und ihn aktiv angehen und mitgestalten, die schneller lernen als die andern. Um den Prozess des Wandels zu begreifen, benötigen wir Kenntnisse der Erfolgsfaktoren dieses Wandels. Der Wandel muss als etwas Ganzheitliches aufgefasst werden.

Dieses Buch bietet Führungskräften, Mitarbeiterinnen und Mitarbeitern ein auf Praxiserfahrung beruhendes Gerüst sowie einzelne Bausteine als Denkrahmen für die eigene Brücke der Veränderung an.

Verlag Paul Haupt Bern · Stuttgart · Wien